Walter Herz · Unbekanntes Judentum

WALTER HERZ

Unbekanntes Judentum

Israels Öffnung zur Welt

Mit einer Einführung:
Was ist Judentum?
von Friedrich Weinreb

THAUROS VERLAG · MÜNCHEN

*Die Autoren und der Verleger danken Frau
Marian von Castelberg und der Friedrich Weinreb Stiftung,
welche die Drucklegung dieses Buches durch großzügige
finanzielle Unterstützung möglich gemacht haben.*

1. Auflage
© 1983 Thauros Verlag GmbH Zentnerstraße 32
8000 München 40
Typographie Rudolf Paulus Gorbach
Herstellung Gorbach GmbH Gauting
Satz und Druck im Bleisatz, gesetzt aus
der Janson-Antiqua bei
Brönner und Daentler Eichstätt
Bindung Grimm & Bleicher München
Printed in Germany
ISBN 3-88411-006-3

INHALT

Was ist Judentum?
Einführung von Friedrich Weinreb
7

Erster Teil
Israel und der Zeitgeist

Zweiter Teil
Religion und ihre Aspekte

Dritter Teil
Wie finden wir den Geist?

WAS IST JUDENTUM?

Einführung von Friedrich Weinreb

Meint der Titel dieses Buches, das Judentum sei in der Welt unbekannt? Oder will er sagen, die Juden wüßten selber nicht, was ihr Judentum sei? Vielleicht trifft beides zu. Dann aber müßte man sich fragen, was Judentum überhaupt ist. Und dann ist auch die Frage fällig, was eigentlich Juden sind.

Solche Fragen wurden schon oft gestellt, und es gibt fast so viele Antworten wie es Fragen gibt. Denn wonach fragt man, was will man überhaupt wissen, und wer antwortet, und was weiß der Antwortende vom Judentum? Ein sehr verwirrender Komplex, wie es scheint. Die Irritation, schon immer Juden gegenüber in der Welt, hat vielleicht gerade in dieser verwirrenden Komplexität ihre Quelle.

Jude war längere Zeit hindurch fast so etwas wie ein Schimpfwort, und noch immer gibt es Kreise und einzelne, die es als solches empfinden. Kommt nun noch die Unterscheidung zwischen Juden und Israel hinzu. Schon Christen nennen sich Israel — die Kirche nennt sich so —, und jetzt gibt es, um dieses Babel noch unübersichtlicher zu machen, auch noch einen Staat mit Namen Israel.

Was jetzt im Untertitel dieses Buches erscheint, hatte der Autor als Titel seinem Manuskript vorangesetzt: »Israels Öffnung zur Welt«. Gleich empfand man den Titel schon verwirrend, zu Mißverständnissen führend. Würden nicht die meisten darunter verstehen, der Staat Israel bekunde seine Weltoffenheit? Und wie öffnete er sich? Politisch? Religiös? Sozial? Und andere, was würden sie mit Israel verbinden, die Juden oder das Judentum? — Zu vieldeutig also, wie man sieht. Dann kam der Vorschlag, als Haupttitel »Unbekanntes Judentum« zu nehmen. Denn alles scheint hier unbekannt zu sein. Wer ist Jude, was sind Juden, wer ist Israel, was ist Israel, was ist Judentum? Ist es überhaupt möglich, definierend zu beschreiben, was Judentum ist? Und wenn schon, *wer* ist es dann, der diese Definition formuliert?

Bezüglich des Christentums oder des Islam z. B. sind die Schwierigkeiten schon sehr viel geringer. Gut, man weiß von den Katholiken von Rom, von denen von Byzanz, von den Russisch-Orthodoxen, von den Evangelischen in ihren vielen Nuancen; man weiß im Islam von den Sunniten, den Schiiten usw. Aber jedenfalls ist es doch klarer, was Christentum und was Islam ist. Ebenso macht es auch viel weniger Schwierigkeiten, einen Franzosen zu definieren, sogar einen Amerikaner könnte man beschreiben. Aber einen Juden? War Karl Marx ein Jude? War Freud einer? Für die Rassisten des Nazitums ist Freud ohne weiteres ein Jude. Für die Rassisten unter den Juden — sie nennen sich nun einmal anders — ist Freud ebenfalls klar ein Jude. Freud selbst empfand sich des Antisemitismus wegen auch als Jude. Ist er aber ein Jude im Sinne des Judentums? Also, was ist dann Judentum? Für den einen eine Volkszugehörigkeit — lies Rassezugehörigkeit —, für den anderen eine Religionszugehörigkeit. Ist Franz Werfel Jude, oder Joseph Roth? Sie waren beide ziemlich katholisch. Für die Nazis egal, für die Kirche nicht so sehr. Und dann die vielen, vielen, die mich, wenn ich eine solche Liste sehe, amüsiert staunend feststellen lassen: Bald ist die ganze Welt noch jüdisch! Im Falle von Gelehrten, Dichtern, Malern mag es schon ein befriedigendes Staunen hervorrufen; bei Bankiers, Abenteurern, Gangstern eher ein Wer-hätte-das-auch-gedacht!

Wie die Nazis jeden Arier zum Edel-Germanen machen wollten, so gibt es Juden, die alle der Welt einigermaßen Passenden als Juden annektieren. In Israel wollen die orthodoxen Juden aber nur diejenigen anerkennen, die nach gewissen orthodoxen Gesetzen als Juden gelten; sehr viele amerikanische und europäische Juden fallen nicht darunter. Ob sie für den Staat Israel oder sogar für orthodoxe Schulen Geld geben, ist ihre Sache, als Juden werden sie von den für den Staat geltenden Rabbinern nicht anerkannt. Diese jüdische Rassenlehre — in solchen Fällen heißt sie dann Volkszugehörigkeit — ähnelt in ihren Prinzipien manchen faschistischen Denkweisen. Und das jüdische Nationalbewußtsein ist dem Bolschewismus ebenfalls nicht so weit entfernt. Ausdrucksweisen wie »den Namen der Juden (oder des Judentums) schädigend« sind sehr subtil, »Verrat« liegt da schon fast auf der Hand, oder »Verletzung des Volkstums«. Aber auch viele Nicht-Juden sehen und empfinden die Juden in gleichem Sinn von Volk oder Rasse äußerst subtil. Bald schon ist der »Jude« schuld. Was aber und wer ist Jude?

Es gibt heute ziemlich viele Deutsche, aber auch andere, die ihren Nationalismus nicht mehr zu Hause ausleben können oder wollen, und ihn daher leicht auf den Staat Israel transponieren. Sie weinen und begeistern sich ebenso sentimental und sind genauso aggressiv, wenn es Israel betrifft, wie sie es in ihrer damaligen Begeisterung während der Nazizeit Deutschland gegenüber waren und es jetzt auch noch wären. Ihnen selbst ist das gar nicht bewußt, aber es ist dennoch so.

Man kann Juden und Israel für alle möglichen Zwecke gebrauchen, je nachdem einem gerade ist. Und vom Judentum selbst macht sich jede der verschiedenen Pro- und Contra-Gruppen ihr eigenes Bild. Für den einen ist es eine überholte Sache, der andere benutzt das Bild, das er sich konstruiert, um seinen Aggressionen freien Lauf lassen zu können. Er spricht dann von Ausbeutung,

Grausamkeit, von Genozid, von sexueller Ausschweifung, während andere wiederum, die etwas gegen ihren Gott der Rache haben, ihn dem Judentum gutschreiben. Dann gibt es die Bewunderer, die von der hohen Ethik und der großartigen Moral sprechen, von der Hygiene, von den weisen Rabbis. Und natürlich gibt es eine große Menge, die auf den Schritt — den nur kleinen, wie sie meinen — zur Taufe und zum Schweinefleisch hoffen.

Ist nun klargeworden, daß es »die Juden« oder »das Judentum« nicht gibt? Man müßte, glaube ich, der Frage nach dem Judentum auf ganz andere, vielleicht neue Art nähertreten. Das möchte ich auf dem Weg der Sprache einmal versuchen. Schließlich kann ein Wort viel mehr sagen, als man im allgemeinen denkt; es hat mehrere Dimensionen, enthält mehrere Schichten. Es könnte vielleicht auch die Quelle im Menschlichen auf neue Weise erleben lassen. Mein Vorhaben zielt möglicherweise auf Neuland, auf ein Verständnis für einen neuen Menschen. Vielleicht wartet in jedem Menschen eine bisher wenig berücksichtigte Seite auf diese neue Betrachtung.

Gott erschafft den Menschen und die Welt. Ob man nun meint, an Gott zu glauben oder nicht — es gibt nun einmal die Tatsache einer Menschheit, einer Welt.

Es gibt auch die Tatsache einer Bibel, aus welcher der Begriff des Judentums kommt; ferner die Tatsache einer hebräischen Sprache, welche Verwandtschaften sie auch weiter haben mag. Und ob man die Erzählungen und weiteren Mitteilungen der Bibel als heilig empfindet oder nur als irgendwie mythologisch, tut hier auch nicht soviel zur Sache. Es gibt nun einmal diese Erzählungen und diese Mitteilungen.

Der Mensch in der ganzen Menschheit hat viel Gemeinsames. So kennt man beim Menschen das Bewußte und jenen großen Bereich, den man als das Nichtbewußte bezeichnen kann. Die Namen, die man den verschiedenen Teilen dieses Bereiches gibt, lassen sich alle unter dem Begriff des Nichtbewußten zusammenfassen. Außer Betracht kann hier auch bleiben, ob man das Nichtbewußte als erfreulich oder als einen stinkenden Pfühl erfährt — es gibt es nun einmal.

Der Mensch ist in seiner Existenz aus diesen zwei Bereichen zusammengesetzt. Natürlich erscheint er als eine Einheit, und man kann nicht sagen, wo die Grenzen dieser beiden Teile liegen.

Wir kennen auch die Unterscheidung zwischen Erscheinendem und Verborgenem. Auch da ist es sinnlos, Grenzen zu suchen. Jeder weiß, daß er sich nur zum Teil kennt, daß manches für ihn wie für andere verborgen bleibt. Man nennt das Erscheinende meist das Körperliche, das Verborgene Geist und Seele. Aber man kennt auch die Interdependenz in der Wirkung dieser Begriffe aufeinander.

Auch für die Welt könnte man eine erscheinende, nach Naturgesetzen meßbare Welt annehmen, und man weiß, daß es Grenzen gibt, hinter denen ganz andere Wirklichkeiten vorkommen. Von dem Grenzgebiet weiß man einiges, über das, was weiter jenseits dieser Grenzen ist, kann man nur Vermutungen anstellen. Und man weiß, daß für die Welt wie für das Leben Interdependenzen zwischen Erscheinendem und Verborgenem bestehen. Das gilt überall so, für die Farben, die Töne, die Sprache.

In der Auseinandersetzung mit sich selbst und mit der Welt hat der Mensch viele stürmische Erlebnisse. Oft sieht er sich gezwungen, Erlebnisse, Gedanken, Ängste, Freuden zu verdrängen, weil er sie einfach nicht verarbeiten kann. Sie scheinen ihn dann oft zu bedrängen. Nicht direkt, sondern in vielen Masken.

Es scheint nun so, daß dieses gewaltige Gebiet des Nichtbewußten — das also, wovon der Mensch per definitionem *nicht* wissen *kann* — den Menschen und sein Schicksal sehr stark mitbeeinflußt. Ohne es sich klar machen zu können oder zu wollen, steht der Mensch immer allerlei rätselhaften Phänomenen gegenüber. Schon die Fragen nach dem Lebenssinn überhaupt, nach dem Sinn des Todes, des Bösen, des Leids, der Gerechtigkeit wühlen ihn auf und bewegen ihn oft, wenn auch »nur« nichtbewußt.

Wenn ich an diese Lebens- und Seinsrätsel denke und an die vielen Antworten, die von allen Seiten darauf gegeben werden, je nach Kultur, Religion, politischer Auffassung, menschlicher Eigenart, dann kommt mir fast von selber der Einfall: Die Juden sind genauso rätselhaft, für sich selber und für andere. Vielleicht entspricht sogar ein Rätselkomplex dem anderen. Denn in beiden Fällen herrscht die gleiche Art der Emotion, Irritation, Aggression, der Liebe und des Hasses, vor allem aber die gleiche Art der Verwirrung. Und dann schließt sich bald die Frage an: Kann man überhaupt die Juden *hier* feststellen? Sind sie nicht, wie das Nichtbewußte, gerade verborgen? Wie Geist und Seele materiell nicht festgestellt werden können; nur ihre Wirkung ist mehr oder weniger klar.

Vielleicht ist die ganze Ablehnung der Juden oder die Anlehnung an sie die Haltung des Menschen seiner eigenen Verborgenheit gegenüber. Die Juden sind aus der Welt genausowenig wegzudenken wie Geist und Seele, wie jedes Mysterium. Und ich spreche in diesem Falle von Juden, die dem Judentum so oder so gegenüberstehen, wie von Nichtjuden. Gott hat *den Menschen* erschaffen, er hat *die Welt* erschaffen. Es gibt aber doch Juden in ganz konkretem Sinne in der Welt; Seele und

Geist aber kann man quantitativ nicht feststellen. Was also hat es mit dem Phänomen Juden und Judentum auf sich? Nicht nur, daß es Juden und Judentum gibt –, beide werden sehr emotionsgeladen behandelt; sie werden verfolgt, verjagt, getötet, beide müssen als Sündenböcke herhalten. Oder beide, und das sind dann Ausnahmen, werden als *Juden* geachtet, sogar geliebt. Das kann man einfach und objektiv feststellen. Es hat nichts mit Schuld oder Unschuld zu tun; es *ist* einfach so.

In der Erzählung der Bibel — ich wiederhole, es ist für unsere Frage nicht wichtig, was man vom Ursprung der Bibel hält, sie ist als Phänomen da — kommt der Jude als solcher erst ziemlich spät hervor. Der Hebräer Abraham ist dort noch »Vater der Menge der Völker«. Erst im 2. Buch Mose kommt so etwas wie ein Volk hervor, wenn es auch schon dem Abraham versprochen wird. Erst im 2. Buch Mose ist die Rede von Israel und den Völkern. Zeigt sich in dieser Form, in diesen Worten eine Entwicklung, die auch einer solchen im Menschen entspricht?

Bei der Schöpfung sehen wir ein gleiches Bild. Die Schöpfung, erst als Gegenüber zu Gott, dann aber, sich annähernd, immer weiter auf dem Weg der Annäherung, im Menschen Gottes Eigenschaften erkennend und ins Gespräch mit ihm kommend. Es heißt in einer alten Geschichte, Gott habe in seinem Sich-wohl-befinden, in seiner Einheit gespürt, es fehle ihm etwas Wesentliches, nämlich die Freude der Eins*werdung*. Im Eins*sein* ist es das Gesetz, das diese Einheit hütet, beim Eins*werden* setzt Gott sich auf den Thron der Liebe. Zum Eins*werden* wird das Gesetz eingeschränkt und wird die Freiheit zur neuen Dimension. Denn Liebe kann nur in Freiheit sein und nicht, wie es beim Gesetz sein *muß*, gezwungen, geplant, berechnet werden.

So sehe ich das Kommen des Menschen Abraham in der Konsequenz im gleichen Sinne. Der versprochene Sohn, das Sich-bauen einer neuen Welt, einer Welt jenseits der Zeit, jenseits des Todes, kann nach Gesetz nicht verstanden werden, ist also einfach nicht da. Gott weist den Abraham aber auf eine Welt jenseits der Gesetze hin, und Abraham *glaubt* ihm.

Es ist das gleiche Muster; die Welt der Gesetze genügt Gott nicht, der Freude fehlt etwas Wesentliches. Gott setzt sich vom Thron des Gesetzes auf den Thron der Liebe. Der Name Gottes als Elohim wird in der Schöpfung schon bald zum Ha-Schem Elohim, zum Herr-Gott. Und Ha-Schem gilt in der Überlieferung als Gott in seiner Eigenschaft der Barmherzigkeit und Liebe. Das heißt, selbst wenn das Gesetz Strafe und Untergang vorschreibt, die Barmherzigkeit hebt das Gesetz als Alleinherrscher auf; die Liebe spricht jetzt ein entscheidendes Wort mit.

Aus Abraham kommt nicht nur die Menge der Völker, aus Abraham kommen Isaak und Jakob; und Jakob ist Israel, ist der Vater der zwölf Zweige aus seinem Stamm.

Die Völker entsprechen dem Gesetzmäßigen, Israel dieser neuen Dimension, der Liebe. Deshalb dieser Nachdruck auf der Liebe, deshalb auch bei den Propheten, den Bringern von Gottes Worten, dieses fortwährende Einhämmern vom Nichtgenügen des Gesetzes und der Priorität der Liebe.

Israel ist eine Änderung im Menschen. Der Mensch bleibt äußerlich derselbe, aber etwas Anderes, etwas Neues ergibt sich bei ihm. Das Gesetz wird nicht aufgehoben, das Eins*sein* wird nicht gestrichen. Eine neue Wirklichkeit tritt mit ein, das Eins*werden* gibt dem Eins*sein* erst seinen vollen Wert. Gott als Elohim tritt nicht zurück; im Gegenteil, er bleibt die Garantie des Lebenssinnes, des Ewigen, er ist der Vater im Himmel, im Sein in der Einheit. Aber der Vater zeigt sich jetzt zusammen mit einem neuen Namen, mit dem Namen des Tetragramms, den man im Judentum Ha-Schem, »den Namen«, nennt, und als Adonai, der »Herr«, ausspricht. Man weiß in der Überlieferung — das heißt, tief im Menschen — der Herr ist Gottes Eigenschaft der Liebe, der Barmherzigkeit, der Gnade.

Mit Israel hat Gott sein besonderes Verhältnis. Er nennt es seinen Erstgeborenen, seinen Liebling, sein Eigentum.

Nach Gesetz wäre Israel etwas materiell Feststellbares, etwas Berechenbares. Das aber gehört nicht zur Gnade, zur Liebe. Dort ist alles frei, nur ein Ebenbürtiger kann aus voller Freiheit lieben. Er ist genauso frei, abzulehnen oder sogar zu hassen.

In der Dimension der Liebe empfindet Gott den Sinn seiner Schöpfung, den Sinn des Seins überhaupt. Und deshalb liebt Gott diesen neuen Samen, liebt er die »Väter«, aus denen dieser neue Same hervorkommt, verspricht er ihnen diese Welt auf Ewigkeiten. Diesen Samen liebt er, dieser Same enthält das Leben, das ihm Sinn des Ganzen ist. Erstgeborener heißt er, im Hebräischen *peter rechem*, was wörtlich auch »Durchbruch der Barmherzigkeit« bedeutet, denn *rechem* ist sowohl »Gebärmutter« wie auch »Barmherzigkeit«. Das ist so, weil, wie eine weitere tief in uns verborgene Geschichte erzählt, die weibliche Seite Gottes die Worte der männlichen Seite aufnimmt, trägt, ihnen Wärme gibt. Sie keimen, zeigen ihre Fruchtbarkeit und die Welt entsteht. Dieses Zuhören und Aufnehmen der Worte der männlichen Seite Gottes — Worte, die bis dahin immer wieder verlorengingen, wie die Worte eines Rufenden in der Wüste —

nennt die Sprache »Barmherzigkeit«. Denn dazu bedarf es nicht nur des gesetzmäßigen, auditiven Hörens, sondern der Wärme der Zuneigung, des Hegens, eben der Liebe. Daraus kommt der Begriff des Sich-erbarmens, des Durchbrechens der Gesetzmäßigkeit als Allein-Bestimmer von allem. Daher heißt die Gebärmutter wie Erbarmen. Und der Erstgeborene ist der, mit dem dies zum ersten Mal in der Weltgeschichte geschieht; er bringt die neue Dimension in die Welt.

Gerade der Jüngere wird deshalb im Entscheidenden oft der Erstgeborene genannt. Abel, der jüngere der Brüder, wird geliebt, weil er diese Hingabe zeigt; Sem, der jüngere von den drei Söhnen Noachs, ist erwählt; Isaak, der jüngere, obwohl von Sara der erste, ist erwählt; Jakob, der jüngere, Peretz, der jüngere, David, der jüngere ... Und vom Messias heißt es, er sei die zuletzt geborene Seele, die jüngste.

Das Gesetz ist die Grundlage, das Geheimnis des Eins*seins*. Aber dieses erhält erst seinen Sinn mit dem Eins*werden*. Der Baum des Lebens ist doch identisch mit dem »Baum, der Frucht *ist* und Frucht *macht*«, also mit dem Sein und dem Werden in einem. Der Baum der Erkenntnis, dessen Frucht nicht aufgenommen werden soll, ist der »Baum, der Frucht *macht*«, der Baum des Werdens allein.

Liebe in Freiheit ohne diese Gewähr des Ewigen könnte dem Hochmut verfallen, nichts anderes als sich selbst zu brauchen, nichts als diese Welt, die man kennt und in der man sich liebt. Liebe kann nur ihren Sinn erreichen, wenn alles einbezogen ist, alles vom Anfang her und sogar von jenseits des Anfangs, bis zum Ende und sogar bis jenseits des Endes. Man frage sich also, woher alles kommt, wodurch die Welt besteht, was vor ihr war, was ist, was kommt. Es ist die Frage nach dem

Sein. Es ist die Frage nach dem Vater, nach Gott, dem Unbekannten, dem Unfaßbaren. Es ist auch die Frage nach sich selbst, *wo* man ist, *wozu* man ist, *woher* man ist, *wohin* man geht.

Gott als Elohim gibt dem Leben die Basis. Auf dieser Basis kann die Liebe wie auf fruchtbarer Erde erwachsen. Bei uns ist es die Frage nach den Unbekannten, den anderen Menschen, ob sie nun jetzt leben oder einmal gelebt haben, es ist die Frage nach der Kreatur überhaupt. Pflanze, Tier oder Gestein, Erde oder Himmel — alles gehört doch zu einer Einheit.

Die Welt ist nicht einfach da. Sie hat eine Geschichte, und sie möchte gern angehört werden, wenn sie ihre Geschichte erzählt, voll von all ihren Hoffnungen, ihren Erlebnissen, ihren Enttäuschungen, ihrer Freude und ihrem Glück.

Was sind die Naturgesetze? Wollen auch sie erkannt werden? Haben auch sie ein Geheimnis? Sehnen sie sich ebenfalls nach Liebe? Wenn Gott sich nach der Liebe sehnt und dazu die Welt erschafft, wird sich doch seine Kreatur auch nach dieser erlösenden Liebe sehnen. Vielleicht hat der Mensch sehr viel damit zu tun, vielleicht ist sein Leben in der fortwährenden Begegnung mit der Natur, mit der Welt, mit den anderen Menschen eben diese Frage, ob er der Welt Erlösung bringt.

Im ersten Kapitel der Genesis ist Gott als Elohim allein da; im zweiten schon heißt er Ha-Schem Elohim, Herr-Gott. Es bleibt die Einheit dieser Dualität von Anfang bis Ende. Und die zentrale Mitteilung lautet: »Höre Israel, der Herr unser Gott, der Herr ist Einer.« Und immer wieder heißt es: »der Herr, er ist Gott«.

Es scheint wie eine Gefahr empfunden zu werden, den Vater, Elohim, zu verlieren. Ohne diese Einheit ist nur der Baum der Erkenntnis da, nur der Baum des Werdens: ein Sich-verselbständigen des Werdens, in der Meinung vielleicht, man brauche nichts anderes als sich und seine Welt, sich und sein Rechthaben.

Die Liebe gründet sich auf das Geheimnis des Gesetzes des Vaters, auf seine Gerechtigkeit, auf seine Ewigkeit, auf sein allumfassendes Wesen. Sie spürt, daß sie ihren Sinn aus diesem Einssein erhält, das sich nach Einswerden sehnt. Der Sinn der Welt ist dieses Werden zur Vereinigung mit dem Sein. Vielleicht hat Todesangst mit der Ablehnung des Vaters zu tun, mit dem Nichtglauben-wollen und -können, daß Ewigkeit als Garantie da ist.

Israel weiß vom Vater im Himmel, es nimmt seine Welt als Ausgangspunkt. Und es weiß, daß ohne Liebe alles sinnlos, leer, langweilig ist. Es kennt die wiederholten Aufrufe zum Lieben.

Diese alten Geschichten sind nicht von der gesetzmäßigen Bedingtheit einer geschichtlichen Phase oder eines festen geographischen Ortes abhängig. Wären sie es, stünden sie alle unter der Gefangenschaft des Gesetzmäßigen. Alle zeit- und raumbedingten Mitteilungen sind im Naturgesetz gefangen. Aber alle Erlebnisse in der gleichen Zeit- und Raumwelt können von dieser Gefangenschaft befreit sein. Sie können es, müssen es nicht. Denn Liebe läßt frei, muß frei lassen, um der Liebe überhaupt erst Lebensmöglichkeit zu schenken.

Wenn diese Geschichten, überlieferte, erlebte, von der Gefangenschaft befreit sind, können sie auch im Menschen erlebt und erkannt werden, in *jedem* Menschen. Das erst gibt ihnen eine Dimension, wodurch sie richtig frei werden. Abraham *ist* der Vater *aller* Völker, das ist keine Phrase, mit der man schwer zu Rande kommt, die eigentlich peinlich ist.

So gesehen, kann man Israel als in jedem Menschen

lebend anerkennen. Es ist dann auch zu verstehen, daß es das Wichtigste, das Wesentlichste eines jeden Menschen sein könnte. Es ist der Erstgeborene, der von Gott Erwählte, der von Gott Geliebte. Israel ist dann in jedem Menschen sein Ewiges, sein Gottähnliches.

In 5. Mose 32, 8 heißt es, »(Gott) stelle die Grenzen der Völker gemäß der Zahl der Kinder Israel fest«. Man kann diese Mitteilung, wenn man vom Gesetz ausgehend in die Dimension der Liebe wächst, befreit von der Gefangenschaft erfahren. Dann sind »Völker«, der Sprache der Bibel gemäß, »Gemeinschaften«, »Zusammensein«, »Miteinandersein«. Hebräisch *am* ist gleich geschrieben wie *im*, und das bedeutet »mit«. Man versteht dann ohne weiteres unter »Volk« nicht nur eine hier erscheinende rassisch, biologisch bestimmte Gemeinschaft, sondern auch jedes Gemeinsamsein. Eine »Gemeinschaft der Heiligen« ist zum Beispiel ein Gleichgestimmtsein im Sinne des Heiligen. Sie kann aus allen irdischen Völkern bestehen, aus verschiedenen Religionen, Kulturen, Zeiten. Sie kann sogar auch die Gemeinschaft eines individuellen Lebens bedeuten, die Gemeinschaft der Erlebnisse, Wünsche, Hoffnungen eines einzigen Menschen. Sieht man es dagegen in gesetzmäßiger Gefangenschaft, müßte solch eine Gemeinschaft fast in einer Mitgliedskartei festgelegt sein, zumindest müßte sie gleiche Religionszugehörigkeit besitzen.

Ein anderes Wort für Volk, *goi*, wird gleich geschrieben wie ein Wort für Körper, *gwi*. Unser Körper ist eine Gemeinschaft, eine gemeinsame Zugehörigkeit. Fremdes wird gern abgestoßen.

Die Grenzen der Völker werden gemäß der Zahl von Israel festgestellt; das will sagen, das Leben des erscheinenden Körpers wird vom Wesentlichen, vom Erstgeborenen bestimmt. Von dem also, das sich aus der Gefan-

21

genschaft im gesetzlich Bedingten befreit. So wird dem Abraham, wie es in der Überlieferung heißt, von Gott gesagt: »Geh fort aus den Sternen!«, geht fort aus einer Bedingtheit im Astronomischen; geh fort aus dem allgemeinen Gesetz, das sagt, du könntest keinen Sohn mehr haben, glaube mir, daß er doch kommt! Geh also fort aus der Vorstellung, daß Leben hier nicht ewig sein kann, weil das Naturgesetz das Gegenteil anzuzeigen scheint, und glaube, daß dein Same dennoch ewig diese Welt besitzen wird. Dein Same, das bist du, im Jetzt und in Ewigkeit.

Israel, das dem Gesetz sich Entziehende, bestimmt die Grenzen, bestimmt das Gebiet des Erscheinenden. Aber Israel verwirft nicht das Gesetz, leugnet es nicht, es gibt dem Gesetz nur eine neue Dimension, die Dimension der Liebe. Es gibt dem Gesetz eine Fülle neuer Welten. Es befreit das Gesetz nicht, indem es das Gesetz umbringt, sondern indem es ihm mehrere Dimensionen gibt.

Ein Beispiel. Die Bibel sagt, einer, der den Sabbath entweiht, soll getötet werden. Liest man das im Sinne eines eindimensionalen Gesetzes, dann glaubt man, demgemäß handeln zu müssen. Die Praxis des Judentums aber, schon im Talmud angegeben, zeigt, daß so etwas durch die Art irdischer Rechtsprechung in Israel nicht möglich ist. Das gilt ebenso für alle anderen Gesetze und bedeutet: Die Liebe hat all dem mehrere neue Dimensionen hinzugefügt und läßt den Sabbath ganz neu erleben. Das Wort öffnet sich in Vielfachheit, es entfaltet sich in vielen Farben und Formen. Der Sabbath wird ein reiches, gottähnliches Erlebnis. Er wird ein Erlebnis der Freude, des Glückes. Man spürt am Sabbath, daß alles gut ist, nur gut sein kann, alles vollkommen ist.

Und dann ist der Sabbath nicht an einen gewissen Tag

in der Woche festgenagelt, dann ist das ganze Leben Ruhe, Gelassenheit, Freude. Daß es in der Woche einen siebten Tag gibt, sagt nur, daß alles Ewige, alles Heilige, hier auch erscheint, *gewiß* hier auch erscheint. Aber wenn es nur hier im Naturgesetzmäßigen erschiene, dann wäre es gefangen. Wir können es befreien, indem wir ihm viele Dimensionen geben. Dieses Befreien ist dann aber kein Umbringen. Was hat man von einem hier Getöteten? Das Geheimnis der Bedeutung dieser Welt und dieses Lebens kennen, es jedenfalls der Welt gönnen, heißt, das hier Erscheinende ernst nehmen, sehr ernst. Ernst in dem Sinne, daß man nicht nur an ein Leben nach dem Tod glaubt, sondern auch an das Lebendigsein alles Toten hier im Leben, an das Auf-dieser-Welt-leben aller hier Gestorbenen.

Das Gesetzmäßige erhält durch Israel in uns ein Leben in vielen Dimensionen. Wir sagen eben nicht: ›So steht es in der Bibel geschrieben, also handeln wir konsequent und tun es so.‹ Sogar im Talmud stehen kaum zwingende Vorschriften, im Talmud stehen meist nur Hinweise. Man nennt ihn »die mündliche Thora«, die nicht schriftlich festgelegte, damit sie eine Flexibilität im Leben erhält. Man »lernt« ihn, das will sagen, man lebt ihn.

Ich will etwas vorgreifen. Man schaue nicht, wie gewisse Juden den Talmud als Zwang auferlegen mögen, weil sie selber nur in Zwang leben können. Damit werde ich mich im Folgenden noch auseinandersetzen. Ich sage es hier schon, damit man nicht glaubt, ich wolle eine gewisse Lebensart propagieren. Ich möchte hier nur auf ein Geheimnis hinweisen, ein Geheimnis vom Ort des Baumes des Lebens.

Es geht also vor allem nicht darum, sich des Gesetzes zu entledigen, sondern es mit vielen neuen Dimensionen zu bereichern. Man *lebt* mit dem Gesetz, und das Gesetz freut sich an der Begegnung mit uns. Wie die ganze Welt sich um die Begegnung mit dem Menschen freuen kann.

Israel gibt dem Körper Leben, erhält die Gemeinschaft des Körpers. Israel gibt der Welt Leben, der Gemeinschaft des Lebens der Welt, durch alle Zeiten hindurch. Israel ist wie der Baum des Lebens, es hütet das Sein *und* das Werden, es hat diese *und* die andere Welt.

Dieses Israel kommt zuerst nach Ägypten; es steigt *hinab*, wie es heißt. Es wird nicht verstanden. Das Ewige steigt hinab in diese Welt, schon mit der Schöpfung. Es wird in der Welt nicht gefaßt. So versteht auch der Mensch nicht, wer er ist, was er ist. Aber das Geschehen im Leben, der Weg des Lebens, befreit Israel. Vielleicht mit dem Tod; aber vielleicht vollzieht sich das alles schon hier und jetzt. Der Prophet Elia kennt den Geschmack von Tod und Grab nicht; der Mann, der die gute Botschaft verkünden möchte, erlebt hier schon dieses Gefühl und diese Gewißheit von Ewigkeit.

Der Auszug aus Ägypten ist die Befreiung, die Erlösung. Alle erleben wir erst die Gefangenschaft im Gesetzmäßigen. Wie Gott erst die Schöpfung im Gesetzmäßigen macht. Und wie Gott dann die Dimension der Liebe hinzufügt, so erleben wir alle das auch. Aber hier gilt die Freiheit. Das heißt, wir *können* sie erleben, wenn wir die Sehnsucht zur Liebe haben, wie Gott sie hat. Wir können sie aber auch lange Zeit ablehnen, verleumden, sie umbringen.

Israel im Menschen — das könnte uns klar sein. Aber wo ist dann Israel in der Welt? Denn am Beispiel des Sabbath sehen wir, daß es diesen Sabbath auch in der Welt geben muß. Genauso muß es Israel in der Welt geben. Aber auch hier nicht im Sinne des *eindeutigen*

Gesetzes. Kann man Israel in der Welt erlösen, indem man in ihm die vielen Dimensionen kennenlernt? Ein rassisch, völkisch, durch die Sprache bedingtes Israel wäre wieder dieses Nur-Gesetzmäßige.

Daß Israel hier erscheint, wie der Sabbath hier erscheint, zeigt nur, daß es Israel im Ewigen, im Verborgenen gibt. Wie alles, das hier erscheint, bezeugt, daß es im Ewigen da ist. Aber mit dem Hier-erscheinen ist es noch nicht getan. Sagen will es damit: ›Befreie mich aus dieser Tiefe in Ägypten, erlöse mich, gib mir vielfaches Leben, zeige mir hier, daß ich auch hier immer leben werde, zeige mir hier, daß die Toten leben.‹ Israel bittet darum, hier als Israel erkannt zu werden, als Ewiges. Nicht in einer Art Proklamation, sondern weil es *erlebt* wird.

Es bedeutet, daß Israel einen Sinn zur Welt empfindet; seine Zahl ist bestimmend, sein Erzählen. Bestimmend für die Körper Israels, bestimmend für alles Erscheinende. Die Völker erscheinen. Wie in der Sprache der Bibel die Konsonanten erscheinen, und so für »die Völker« stehen. Aber die Vokale sind prinzipiell unsichtbar, wie auch die Satz- und Melodiezeichen. So werden diese dann auch als die zwölf Zweige von Israel erkannt und als die Levi-Söhne und die Priester.

Vokale, Satz- und Melodiezeichen aber bestimmen das Leben der Konsonanten. Ohne sie wären die Konsonanten tot, starr. Wie Sprache nur kommen kann, wenn zu der Melodie und den Vokalen die Mitlaute sich gesellen. Kein Wort könnte gesagt oder geschrieben werden, wenn es die Konsonanten nicht gäbe.

Die Völker sind hier, die Welt ist hier, unser Körper ist hier. Israel ist in die Mitte der Völker gestellt. Die Völker umringen Israel, wie der Körper Seele und Geist, wie die Frau den Mann, wie das Erscheinende das Verborgene. Das »Exil« ist kein gesetzmäßig gekommenes politisches Phänomen. Das Exil Israels ist wie Gottes Exil, wie das Exil der *Schechina*. Das Exil verbirgt Israel. Und das Ende des Exils ist kein militärischer oder politischer Sieg, kein Fortschritt der Humanität. Die Erlösung ist ein Wunder, eine Gnade; sie kommt zu Gottes Zeit. Es ist die Einswerdung am Ziel, die Erfüllung des Weges, das Kommen, das voll wird: vollkommen.

Israel bedeutet, wie die Namensgebung in 1. Mose 32, 28 es sagt: »Du hast um Herrschaft (gerungen) mit Gott (oder göttlichen Wesen, Göttern) und mit Menschen, und du hast gekonnt.« Israel steht an beiden Seiten in seinem Sich-behaupten, im Himmel und auf Erden, im Verborgenen und im Erscheinenden. Israel ist im Menschen das Jenseits und das Diesseits. Das Diesseits allein würde nicht so stören; das Jenseits aber irritiert uns schrecklich. Wir wollen es los sein, wir wollen in Ruhe gelassen werden. Wir hassen Israel.

Nun möchte ich noch einiges vom Wort »Juden« sagen. Dieses Wort, vom hebräischen Jehuda als Verballhornung kommend, bedeutet, wie es bei der Namensgebung in 1. Mose 29, 35 heißt: »Dieses Mal will ich den Herrn loben (preisen, danken).« Man sagt auch, ein Mensch dankt Gott schon, indem er glücklich ist. Gezielter Dank wäre zu gesetzmäßig, also mit Gefangenschaftsgefühl gemischt, wie das Bei-guter-Laune-Halten eines launischen Herrschers. Das spontane Gefühl des Glücks ist das, was Gott doch schenken möchte. Und glücklich ist man, weil man den Sinn des Lebens als Ewigkeit, als Liebe erkannt hat. Enthält Juda nicht in sich den David und den Sohn Davids?

Judentum ist also, dem Wort gemäß, das Leben im Glück, weil man die Beziehung spürt zwischen Ewigkeit und Zeit, zwischen dieser Welt und der gleichen

Welt in Ewigkeit, zwischen diesem Körper und dem gleichen Körper in Ewigkeiten. Judentum könnte dann die Freude sein, die Beziehung zwischen unserem Verhalten und unserer ewigen Seele zu spüren, die Beziehung von uns zu der ganzen Kreatur. Und das alles in großer Lebendigkeit, in gewaltiger Farbenpracht, in einer erstaunlichen ewigen lebenden Harmonie.

Wir spüren, der Böse gönnt es nicht. Der Böse kommt zugleich mit der Liebe und ihrer Bedingung, der Freiheit. Gott gibt dem Bösen, dem Satan, dem Hinderer — so die wörtliche Übersetzung — die Freiheit zum Verhindern der Liebe. Er *muß* sie nicht gönnen, nicht ertragen. Schön ist es, von Israel zu hören, von Juda, vom Judentum. Aber Welt und Leben sind nicht langweilig, weil fortwährend die Auseinandersetzung mit dem Bösen stattfindet. Wir sind stolz, uns mit der Liebe durchgesetzt zu haben, wir sind stolz, daß die Liebe uns findet, daß wir mit ihr zu tun haben. Wir sind stolz, daß wir den Bösen zum Platzen bringen, indem wir ihn nicht zur Kenntnis nehmen; wir freuen uns, daß uns ein Lebenssinn kam.

Aber, was wäre dann Judentum in der Lebenspraxis im Alltag?

Fangen wir damit an, festzustellen, daß alles, was sich zeigt, nur ein Aspekt des Ganzen ist. Viele Teile sind verborgen, sind eben dieses Israel. Was wir von der Natur, vom Leben sehen, ist nur ein relativ winziges Spektrum. Wer dieses Sichtbare zum Ganzen promoviert, verurteilt sich selbst zu einem äußerst beschränkten Lebensbereich. Andererseits spüren wir, daß das Hiererscheinen als letztes Glied einer unendlichen Kette äußerst wichtig ist. Ohne dieses Glied bliebe die Kette an beiden Seiten getrennt. Und wir spüren auch, daß die Äußersten sich in Gott begegnen. Wer also allein an einem Extrem hängenbleibt, fühlt sich zu einem höllischen Dasein verdammt.

Israel, Judentum, könnte die Einheit der Extreme aufweisen. Wie alles, was hier erscheint, seine Gegenseite im Himmlischen, im anderen Äußersten hat, und wie alles, was dort ist, hier erscheint, ist es natürlich, daß auch Israel hier erscheint. Aber, aufpassen!, nicht nur hier erscheint, daß damit Israel erledigt, verstanden wäre. Man könnte sagen, Israel kann erst erlöst sein, wenn es an beiden Seiten erkannt und erlebt wird, und nicht als getrennt.

Das hieße schon zumindest, daß Judentum zu zeigen hätte, wie die Bibel, als Worte aus dem Jenseits, hier gelebt wird, und daß solches nicht mit den Maßstäben des Lebens in Zeit und Raum gemessen werden könnte. Und genausowenig ginge es dann, daß die Maßstäbe aus dem Jenseitigen ohne weiteres hier Geltung hätten. Man kennt nicht nur im Judentum das Prinzip der Unterscheidung von Heiligem und Profanem. Man redet und schreibt zwar davon, aber in der Praxis scheint man das oft einfach zu übergehen. Für die einen gilt das Zeiträumliche, das Naturwissenschaftliche, das Politische, und alles andere bezeichnet man dann als Hirngespinste oder primitive Lebensformen; für die anderen gilt nur das Heilige — so sagen sie wenigstens —, und die Welt hier ist ihnen egal. Diese Welt habe sich eben diesem Heiligen gemäß zu verhalten, sonst wird sie entweder nicht zur Kenntnis genommen oder die Steine liegen zum Werfen bereit.

Das Schöne und Gute ist nicht einfach im Sinne des Verständlichen und durch eine Technik Erreichbaren. Das Schöne und Gute ist ganz einfach zu erreichen, wenn man das Leben der anderen Dimension, nennen wir es das Heilige, in sich spürt; das sehnt sich schon von selbst nach dem Schönen und Guten. In jeder Sache lebt die ewige Seite. Hat man von sich aus Beziehung zu ihr, dann antwortet sie, dann geht alles wie selbstverständlich. Man hat sein Leben entdeckt, sein ewiges Leben, und freut sich jeder Minute. Jede Minute ist der Ewigkeit verbunden, aber nicht verstandesgemäß. Das wäre die falsche Suche nach Einfachheit. Das Leben ist ein ewiges Gespräch mit Gott, das Gespräch, das Mose am Sinai hat, vierzig Tage und vierzig Nächte, alle Zeiten und für alle Ewigkeiten.

Wer aber versteht das so? ›Vierzig Tage‹, sagen die einen, ›nun ja, so ungefähr wird es wohl gewesen sein‹ — ›Nein, genau 40 Tage, von dann bis dann, keine Minute mehr!‹, behaupten die anderen, meist sehr aggressiv, ›die Thora sagt es doch.‹ Beide aber haben dann das Heilige und das Profane auf eine Linie gesetzt.

Im Judentum geht man von der Erscheinung »Juden« hier aus. Alles in Ordnung. Jetzt aber stellt sich die Frage nach dem Lebenssinn, in der Thora verborgen. Der Lebenssinn geht zuerst einmal alle Menschen in allen Zeiten an, und er geht die Ewigkeiten an. Wenn man zum Beispiel genau weiß, ob man eine Frucht essen oder nicht essen »darf«, ansonsten aber seinen Geschäften, kommerziellen oder politischen, nachgeht, dann ist der Alltag vom Ewigen abgerissen, getrennt; man ist dann vom Kern abgeschnitten, vom Wesentlichen, vom Ewigen. Das gilt für den Sabbath, das Brauchtum im Handel, für Essen und Trinken, für die Karriere.

Nun kann man tatsächlich den Talmud und die Bibel als Handleitung für den Alltag sehen. Beide Möglichkeiten aber haben die große Gefahr der Verwirrung in sich. Für die Bibel habe ich es schon versucht klarzumachen, daß es dort nicht geht. Denken Sie an das Steinigen der untreuen Frau oder des Sabbathschänders. Deshalb wird der Talmud als Übertragung dieser Kernwahrheit der Bibel in den Alltag angesehen. Aus ihm hat man dann den »Schulchan Aruch« destilliert; es bedeutet »zubereiteter Tisch«, also gedeckter Tisch.

Ich glaube aber, daß hierin ein großes Mißverständnis steckt. Zuerst einmal gibt der Talmud keine Regeln, keine Vorschriften, sogar keinen Rat; der Talmud, in der Mischna wie in der Gemara, ist eine Darstellung von Gesprächen über alle möglichen Lebensgebiete. Wenn diese Gespräche auf einen praktischen Rat für den Alltag auslaufen würden, wie es manchmal den Anschein hat, dann könnte man sich durchaus fragen, ob das alles nicht viel einfacher hätte gemacht werden können. Nur zu selten ist am Ende eines solchen Gespräches klar, wie der Weg, wie die Halacha dann ist. Schon das also sollte zu Fragen Anlaß geben. Aber es geht noch viel weiter. Im fortlaufenden Text werden oft ganz merkwürdige Geschichten eingeflochten, die für den nüchternen, zeiträumlichen Alltag im allgemeinen wenig glaubwürdig sind. Entweder enthalten sie unverständliche, belanglose Begebenheiten — und man könnte sich fragen, ob da nicht Wichtigeres mitzuteilen wäre —, oder sie sind von nahezu mythologischem Charakter. Solche Geschichten stehen wie hingestreut zwischen den genannten Gesprächen, fast wie Illustrationen.

Es sind die gleichen Weisen, die die Gespräche führen wie die, welche die Geschichten erzählen. Für manche Talmudgelehrte wirken diese Geschichten etwas peinlich; sie übergehen sie lieber oder sagen, die Geschichten seien eingestreut, um die durch die komplizierten Gespräche entstandene Ermüdung mit Träumereien aufzulockern. Andere sagen, diese Geschichten seien für die Einfachen, die zum Talmudlernen nicht genügend Raffinesse besäßen, die könnten sich dann mit den Geschichten abgeben. Und es existieren Sammlungen, die nur diese Geschichten umfassen — der »Ajin Jakob« zum Beispiel —, und wer sich damit beschäftigt, wird von der Mehrzahl der Talmudkenner mit einer etwas mitleidigen Miene betrachtet.

Es gibt nun aber nicht nur im Talmud diese merkwürdigen, für den rational veranlagten Menschen unglaubhaften Geschichten, es gibt den immensen Komplex des Midrasch, der fast ausschließlich solche Geschichten, wiederum von denselben »Weisen«, enthält. Wie ist das alles in seiner Einheit zu verstehen?

Erst einmal: Wozu diese gelehrten Gespräche? Um den Juden einen Komplex von Verhaltensregeln zu geben, damit sie sich als Volk im Exil besser behaupten könnten? Diese Antwort ist mir zu utilistisch, zu einseitig auf das Leben hier, in der Welt der Erscheinungen, gerichtet. Was ist mit dem Leben überhaupt, mit dem Leben in Ewigkeiten? Denn die Thora möchte das Geschenk eines Vaters für das ganze Leben sein. Im Garten Eden, »nach« dem Tod, sitzen doch die »guten« Menschen an goldenen Tischen auf goldenen Stühlen und »lernen Thora«. Tun sie das rational, tun sie das raffiniert, haarspalterisch — »Pilpul« nennt man das in diesen Kreisen —, rechthaberisch, besserwissend als alle anderen, oder hat die Thora Dimensionen, die nur von gewissen Menschen vermutet und erfahren werden?

Was erleben sie beim Talmudstudium? Zum Beispiel könnte daraus ein Bild entstehen, wie man sein Leben hier einrichten könnte, ein Leben, gültig für eine gewisse Gruppe Gleichgesinnter, die sich dann ganz wohlfühlten und befriedigt damit abgäben. Aber die anderen, die Welt, die Früheren, die Späteren, die Ewigkeit? Im allgemeinen haben sie keine Zeit, sich mit solchen Fragen abzugeben, sie sind zu beschäftigt, mit ihrem Talmudstudium oder mit ihrer Politik oder mit ihren Geschäften.

Es ist hier nicht der Ort, tiefer auf dieses Thema einzugehen. Aber wohl bleibt mir die Frage: Sind sie so gefangen in ihrem Kreis, daß sie die Gedanken an alles andere einfach verloren haben? Liegt das am Talmud, oder ist das alles nur Folge der Art, wie sie den Talmud glauben verstehen zu müssen?

Man darf ein Wunder aus dem Ewigen nicht einfach wegwerfen, weil Menschen es falsch behandeln. Viele verwerfen die Bibel, weil Leute, die sich als Bibelkenner ausgeben, ihnen ein Ekel sind. Diese Wegwerfer sind von der gleichen Art wie die Schänder.

Für mich ist der Talmud heilig; das heißt schon, unverständlich für »gescheite« Menschen. Oft habe ich das Gefühl, das bei den Propheten durchbricht, wenn sie von den Juden, vom Israel der Bibel sprechen, wenn ich sehe, wie man den Talmud angeht. — Der Talmud zeigt, daß alles, was die Thora sagt, im Alltag seine Gegenseite hat. Aber diese Gegenseite wird nicht von praktischen, gescheiten, erfahrenen Leuten erzählt, sondern aus der Sphäre von Israel, aus der Sphäre des Lebensbaumes. Darauf weisen schon die vielen anderen Geschichten im Talmud, mitten durch die Gespräche hindurch, hin.

Die Personen im Talmud sind wie Boten aus dem Jenseits, aus dem Ewigen. Sie erzählen von der Welt, wie sie *dort* ist. Mit unseren Maßstäben ist das »Dort« nicht zu messen. Oder wir müßten von einem Dort, einem ewigen Ort, absehen und alles einfach hier hineinzwingen. Wir nehmen unser Dort, unseren Ort im Ewigen, zu wenig ernst. Wir spüren keine Verantwortlichkeit unserem Ewigen gegenüber, der Gnade gegenüber, die wir annehmen oder ablehnen können.

Wie die hineingestreuten Geschichten schon zeigen,

spielt alles in einer anderen Welt. Oder glaubt man, all das Merkwürdige sei so geschehen, wie wir hier Geschehen wahrnehmen? Die Weltgeschichte kennt diese Geschichten doch nur im Sinne von: ›Damals glaubte man das so, aber wir, im Lichte der Aufklärung, sind doch gescheiter.‹ Ja, gescheiter, wenn wir die Unterscheidung zwischen Heiligem und Profanem kennen und doch diese Art Lebenspraxis haben.

Wozu die Boten, die Engel im Talmud? Heilige Menschen *sind* Engel. Sie erscheinen verborgen in unserem Leben. Die Boten sind da, uns zu sagen, daß nichts hier sein kann ohne sein Gegenüber oben; daß auch das Oben erst seinen Sinn durch die Gegenseite unten erhält. Unten: Zeiträumliches, wie wir es erfahren; oben: Ewiges, alles enthaltend.

Es heißt, Mose erfährt am Sinai während der vierzig Tage und Nächte die ganze »mündliche Thora«. Der Talmud ist der größte Teil dieser »mündlichen Thora«. Mose erhält, für alle Zeiten der Welt, den Weg zur Übertragung. Die Boten, die Heiligen, haben ihn als Quelle, Mose, den aus dem Wasser, den aus der Zeit Herausgezogenen.

Das heißt also auch, daß aus jener Quelle des Heiligen für jede Zeit das Verhalten hervorkommt. Das heißt weiter, daß es einen Kern des Diesseitigen gibt, der immer da ist, aber immer hier auf dem Weg ist, auf dem Weg der Zeit.

Der Talmud heißt auch »mündliche Thora«, also nicht festgelegt, nicht schriftlich, weil man hier nichts festlegen kann, es sei denn die Feststellung, daß es hier einen Weg gibt, daß es hier die Halacha, das Gehen, gibt.

Wir haben hier einen Körper, wie alles, was hier erscheint, Körper hat, Wachstum hat. Selbst die Erde zeigt Wachstum. Urknall, Nebel, Sumpf, Farn, Dinosaurier,

Rosen, Affen. Dennoch ist dieser Körper hier von Grenzen bedingt. Die Bäume wachsen nicht in den Himmel, der Mensch hat seine Nase an einem gewissen Ort, seine Temperatur schwankt zwischen 35 und 42 Grad, die Temperatur der Menschenwelt zwischen −80 und +60 Grad C. Das alles ist ganz wenig, verschwindend wenig, verglichen mit den Temperaturen im Weltall. Wissen können wir es: Nichts kann hier sein, wenn es nicht im Ewigen ist; und nichts ist hier sinnlos, weil es doch im Ewigen auch ist. Es geht um die Einswerdung der beiden Seiten.

Wenn man weiß, daß die Thora Wunder enthalten könnte, wenn wir uns als Mensch nach dem Ewigen sehnen, dann bedeutet es auch, daß der Alltag Wunder enthalten könnte, wenn wir ihn mit der Thora in Verbindung bringen könnten. Nicht direkt, das wäre eine falsche Einfachheit, sondern in der Dimension der Sehnsucht nach dem Ewigen, in der Dimension der Liebe zum Ewigen. Auch in jeder Liebe hier ist dann die Sehnsucht zum Ewigen anwesend.

Die schriftliche Thora ist festgelegt, wie das Ewige von Gott sicher, fest, eben ewig ist.

Für den Weg des Lebens ist dann die mündliche, die im Prinzip nicht festgelegte Thora da. Sie fußt aber in dieser Welt, sie sucht die Verbindung von ihren Extremen bis ins letzte Untere. Judentum ohne Ausgangspunkt an diesem Ende in dieser Welt wäre nicht. Judentum hält an dieser Welt fest. Aber es ist alles um Gottes willen, es ist alles, damit das Diesseitige mit dem Ewigen verbunden wird.

Wenn nicht in den Gesprächen im Talmud der Sinn zum Ewigen gesucht wird, ist der Talmud hier nicht verstanden. Wie man diesen Sinn findet? Der ist für jeden Menschen auf seine Art, auf seinem Weg schon zu finden. Hauptsache, er sehnt sich danach. Das ist hier sehr heikel; denn was versteht er unter seiner Sehnsucht? Das ist seine Sache mit Gott. Das weiß er hier doch selbst nicht.

Aber — und das sei gut behalten — er versuche die Prinzipien, die Hauptsache also, vom Talmud zu verstehen. Die Formen des Lebens liegen zwischen Grenzen fest, wie zum Beispiel die Länge des Menschen, die Länge seiner Nase, seines Halses. Das alles ist »mündlich«, also sich ändernd, lebend. Das Gespräch hat viele Aspekte.

Es hat keinen Sinn, hier diese Prinzipien anzugeben. Sie würden dann als Allgemeines aufgefaßt werden können, als Uniformität. Israel aber besteht aus sehr vielen Individuen. Es kann nicht gezählt werden im Sinne, wie man hier zählt. Israel kann nur von der einen Hälfte, der sichtbaren, gezählt werden. Darum der »halbe« Schekel in der Bibel beim Zählen von Israel. Die andere Hälfte *ist* verborgen.

Nun, es gibt schon eine jüdische Lebenspraxis. Ich meine die, welche die mündliche Thora ernst nimmt. Im allgemeinen wird sie ganz gewiß auf falsche Weise ernst genommen. Das ist menschlich. Es muß aber gesagt sein, wenn es falsch ist. Man hat das Mündliche erstarren lassen, befaßt sich mit ihm in einer Art Kasuistik, die gerade den Begriff Israel mordet. Wenn aber nur einige vom ewigen Israel wissen, werden sie schon auch den Talmud anders sehen, werden sie die Gefahr des Erstarrens empfinden. Dann werden auch die Konsequenzen dieser Haltung im Erstarren sich zeigen. Selbstisolierung, indem die Welt nur als feindlich, als Gefahr gesehen wird; Selbstüberhebung, man denkt, jeder in dieser Gruppe sei auserwählt, heilig. Ein Abgetrenntsein vom Gedanken zum Ewigen; das Ewige sind dann die Mitglieder der Gruppe, dieses Bessersein wird gezüchtet.

Wer sich aber von all dem abwendet und der Zeit zuwendet, errichtet wiederum seine Art Judentum. Ich sprach schon am Anfang davon. Dann ist es ein nationales Judentum, wie es so viele Nationen gibt. Man will eine der vielen sein. Oder eine Religion unter den vielen. Oder ein Humanismus entsteht, fremd zur Religion und auch fremd zu den Nationen stehend. Es geht immer wieder um *beide* Seiten. Wer sich abwendet, ist in der Gefahr, wie die Weltgeschichte es auch zeigt, überhaupt in den anderen Nationen und Religionen aufzugehen.

Ich glaube, im Judentum, das die mündliche Thora noch ernst nimmt, gibt es den Kern zum Ausgangspunkt. Dann müßte aber der gewaltige Überbau aus dem Ewigen erwartet, herbeigesehnt werden können. Eine Revolution müßte kommen. Ich sagte »Judentum«; denn ob und welche Juden es dann wären, entzieht sich meinen Wahrnehmungsmöglichkeiten. Ich will es auch nicht auf irdische Weise suchen. Ich kann es nur erhoffen, ich kann nur wie auf ein Wunder warten.

Zuviel Gewaltiges ist in der Thora verborgen, in der schriftlichen wie in der mündlichen. Zuviel Großartiges ist im Brauchtum verborgen. Das alles wartet auf das Israel vom Jenseits, auf das ewige Israel. Die ganze Welt wartet, die ganze Welt inklusive der Juden. Denn wenn die Juden nicht als etwas merkwürdiges Anderes erfahren werden, von anderen und von sich selber, dann wird man auch wenig mit der Thora usw. anfangen können. Dann ist man sentimental pro oder anti. Aber Israel im Menschen — ich erinnere an meine Ausführungen zu Anfang —, von diesem Israel, jenseits eines Grenzflusses dieser Welt zur anderen, kommt Erlösung. In diesem Sinne heißt es, das Heil sei aus den Juden. Keine Überheblichkeit dann, keine Haßgefühle.

Dieses jenseitige Israel kann sich der Welt zuneigen,

nimmt die ganze Welt ernst, nimmt Zeit und Ewigkeit ernst. Von dort kann der Lebensatem der Erlösung kommen, eine neue Welt, ein neuer Mensch.

Dieser Lebensatem wird den Juden kommen, wie sie jetzt und dann in der Welt leben. Er kommt aber zugleich der ganzen Welt. Vergessen wir nicht, die Welt ist unser Körper, die Juden sind unsere Verborgenheit. Was erst ist, ist in der Reihenfolge der Zeit unwichtig. Wichtig ist, daß Israel der Erstgeborene Gottes ist, das Israel in jedem Menschen.

Judentum ist sinnlos, wenn es sich auf sich selbst bezieht und die Welt vergißt, die Welt als eine Art Fehlplanung Gottes betrachtet. Deshalb habe ich mich über dieses Buch »Unbekanntes Judentum« gefreut. Es zeigt, daß ein Jude als Jude Gedanken der Welt ernst nimmt. Er tut es nicht als Mensch, der er ohnehin ist, er tut es als Jude. Er versucht die Einheit, die Verwandtschaft aufzuzeigen. Und das macht mir Freude. So habe ich es auch immer selber versucht, ich vor allem auch mit dem Christentum. Nicht weil dieses oder »wir« mehr oder weniger Recht haben, sondern weil wir alle Israel in uns haben, ein Verborgenes, einen lebenden Erstgeborenen. Und dieses Israel gibt dann allen Körpern, allen Gemeinschaften Leben, Form, Gestalt, Sinn. Die Christen als solche haben vollkommen Unrecht, wenn sie sich überheblich Endziel der Schöpfung nennen. Wie kann man das Heilige so entweihen? Wenn sie nicht vom Geheimnis von Israel wissen, dann sind sie um kein Haar besser als die überheblichen Juden, die, weil sie sich die Auserwählten nennen, in Arroganz auf Schuldgefühle der anderen spekulieren, mit Forderungen kommen, Unfriede stiften. Beide Spielarten finden sich oft zusammen. Es macht aber nichts. Es hat seine Zeit, es kommt und geht.

Aber das heilige Israel bleibt, ist in Ewigkeiten. Von

diesem heiligen Israel kommt die Erlösung für die ganze Welt, die Welt, wie sie heute ist, und die Welt, wie sie in allen Zeiten ist, die Erlösung für die ganze Kreatur.

Wie ich den Autor, Herrn Walter Herz, vor einigen Jahren ganz zufällig traf und ihn sympathisch fand und jetzt auf seinen Wunsch hin diese Worte schreibe, so kommt, ganz zufällig, unerwartet, die Erlösung zu uns. Wenn wir nur offenständig sind, dieses andere, dieses Jenseitige in uns einzulassen, dann stehen wir vor Wundern, vor Überraschungen. Es hat mich aber auch gefreut, daß ein Jude Gedanken der Welt aufnahm und in ihnen Gedanken zurückfand, die für ihn jüdische Gedanken waren. Und was mir eben sympathisch war, ist die bescheidene Art, in der das Buch geschrieben wurde. So ganz offen für den anderen, so sich selber in anderen wiedererkennend. Für mich genügt es schon, wenn man spürt, wie alles, wie die ganze Welt, von allen Seiten zur Wohnung Gottes zieht, dorthin, wo das Zeichen Gottes steht, und wie alles auf diesem Weg zu Gott Freude erlebt. Gönnen wir doch uns und der ganzen Welt diese Freude.

WALTER HERZ
UNBEKANNTES JUDENTUM
ISRAELS ÖFFNUNG ZUR WELT

ERSTER TEIL
ISRAEL UND DER ZEITGEIST

Die politisch-soziale Entwicklung führte dazu, daß sich in Bezug auf Israel und Judentum zwei getrennte Vorstellungen gebildet haben. Beide werfen, für Juden wie für Nicht-Juden, große Rätselfragen auf. Darüber besteht kein Zweifel. Hat es Sinn, diesen nachzugehen? Viele werden diese Frage mit einem mehr oder weniger klaren Nein beantworten. Allerdings wird dieses Nein von Religiösen und Pragmatikern verschieden begründet. Es gibt aber auch eine sicher nicht kleine Anzahl von Menschen, die sich mit einem solchen Nein nicht abfinden werden; unter diesen wieder eine Reihe von Persönlichkeiten, die aus ihrer philosophisch-theologischen oder spekulativ-intellektuellen Veranlagung heraus jegliche Rätselfrage mit einer gewissen spielerischen Begierde aufnehmen. Solche werden auch in die Rätselfrage des Judentums mit akademisch-objektiver Gesinnung, etwa wie in eine Dissertation, begeistert einsteigen. Für einen gewissen Rest von Menschen aber ist die Frage so wesentlich, daß sie ihr gar nicht ausweichen können. Sie empfinden, ob sie nun Juden oder Nicht-Juden sind, daß es sich dabei zwar um eine objektive Frage handelt, aber daß sie doch auch mit ihrem Selbst zutiefst zusammenhängt. Für diese wird eine auf wissenschaftlicher Methodik aufgebaute Untersuchung weder ausreichen noch befriedigend sein. Denn sie begnügen sich nicht mit Tatsachen-Material, sondern sie wollen den Sinn, der *in* diesen Tatsachen verborgen ist, erkennen. Sie unterschätzen nicht die Bedeutung einer Materialforschung, jedoch wollen sie das Material so gereicht bekommen, daß es als Phänomen für die »andere Seite« durchsichtig wird, daß sich durch die Tatsachen das Wofür — Wozu — Warum ausspricht, daß sich die Tatsachen zu sinnvollen Worten und Sätzen gruppieren, die einen lesbaren Sinn ergeben. Für Juden und insbesondere für Israelis ist das Gesagte ohne weiteres legitim. Es ist ja die Frage nach dem Sinn ihres eigenen Lebens. Warum aber soll die Frage nach dem Judentum dem Nicht-Juden bedeutungsvoll sein? Ist sie für ihn nicht nebensächlich? Nein. Ist es doch nun mal eine Tatsache, daß das Judentum die Wurzel des Christentums ist und damit auch des gesamten westlichen Kulturlebens. Das Nicht-zur-Ruhe-kommen dieser Frage erklärt sich auch aus dem bewußten oder unbewußten Schuldgefühl, das sich durch Generationen blutiger Verfolgung an Juden angesammelt hat. Wie konnte aus einer wahren christlich-menschlichen Gesinnung solch Schreckliches geschehen? Wie dem auch sei, zum Verständnis des Judentums muß man auch zunächst vom Verständnis des Sinnes der Menschheit und deren Entwicklungstendenzen ausgehen.

ENTWICKLUNGSTENDENZEN DER MENSCHHEIT

Über eine grundsätzliche Frage müssen wir uns verständigen: Hat sich der Mensch, der Träger fortschreitender Kulturen, mit den Veränderungen, die er bewirkte, auch selbst gewandelt? Und wenn ja, worin besteht diese Wandlung?

Die Menschheit hat ihren Ursprung in ADAM, so sagt es uns die Bibel. Natürlich kann man diese als ein kindlich-naives Dokument betrachten, das keine verbindlichen Aussagen enthält. Tut man das, so wird sowieso die Frage nach einer jüdischen (auch christlichen) Kultur überflüssig.

Ob ADAM schon ein physisches Wesen, eine Idee oder ein Ur-Bild war, diese Frage wollen wir offen lassen. Sicher scheint zu sein, daß ADAM noch ganz im

Schoß seiner Ursprungskräfte ruhte. Dieses Geburts-geheimnis ist intellektuell nicht erfaßbar, aber es wird uns bei jeder Kindwerdung neu in individueller Form anschaubar. Vom ersten Jahr seiner Geburt weiß der Mensch gar nichts. Er hat daran keine Erinnerung. Nur die *»Dokumente«* und die von den Eltern übermittelten *»Überlieferungen«* können ihm davon berichten. Das heißt, er ist in dieser Zeit sowohl seiner Umgebung, als auch sich selber gegenüber völlig *unbewußt*. Anderer-seits ist er noch vollkommen gut, da er ja noch keine Verantwortung hat. Dieses auf die Menschheit erweitert ist das anschauliche Bild des ADAM.

Fahren wir in dem Vergleich mit der Entwicklung des Kindes fort. Schon bald beginnt die Erziehung der Eltern. Diese vollzieht sich langsam und hat ein Ziel. Im Verlauf dieser Zeit verliert das Kind immer mehr seine ursprüngliche Unschuld, seine Vollkommenheit und sein Traumland. Durch diesen Verlust erwirbt es sich fortschreitend Bewußtsein und klares Denken. Mit anderen Worten, wir verzeichnen eine Entwicklung, die mit Verlust *und* Gewinn verbunden ist. Das Ziel der Entwicklung ist die völlige Selbständigkeit und das Verantwortungsbewußtsein (für eine neue Familien-gründung!). Bis diese Reife eingetreten ist, braucht das Kind (und die werdende Menschheit) die Stütze der Eltern in Form moralischer *Gebote* und Anweisungen. Diese werden sukzessiv abgebaut, bis zur Erlangung der selbständigen moralischen Reife.

Damit haben wir ein anschauliches Bild für die Ent-wicklung der Menschheit im großen. Auch diese verlor sukzessiv ihre Traumverbundenheit mit der geistigen Ursprungsheimat. Sie verlor langsam aber stetig die mo-ralische Stützkraft der Tradition, gewann aber klares Denken, Selbstbewußtsein und Selbstverantwortung.

Heute sind wir, natürlich mit Unterschieden, an dem sogenannten Tiefpunkt angekommen. Alle Stützkraft der Tradition ist verloren. Das Bewußtsein einer geistigen Heimat, aus der die moralischen Initiativen kommen, ist uns entschwunden. Was wir uns durch diesen Verlust erwarben, ist klares und selbständiges Denken, ein inneres Moralbewußtsein und die Möglichkeit eigener Zielsetzung.

Lesen wir die Bibel, so finden wir noch eine andere Entwicklungstendenz: die Differenzierung. Am Anfang steht für die Menschheit eine Einheit, die gleichzeitig eine Einheit mit der Umgebung ist. Mensch und Erde sind eine paradiesische Einheit. Die beschriebene Entwicklung ist mit einer immer größeren Differenzierung verbunden. Erst trennt sich der Mensch von seiner Erdverbundenheit — die Vertreibung aus dem Paradies. Damit aber zerfällt auch die Geist-Körper-Einheit — das Bewußtsein der Nacktheit. Der Mensch muß jetzt die Lebensgrundlage seiner körperlichen Existenz selber erarbeiten. Die Differenzierung geht weiter. Die Triebkraft ist die Sünde, die Sonderung. So entstehen erst größere, dann immer kleinere Menschengruppen. Sie werden durch die Sünde (Kriege, Egoismus, Eifersucht, Ehrgeiz, Herrschsucht etc.) erkauft. Diese Tendenz führt zur Völkerwanderung. Dann aber auch zu immer weiteren Zerbröckelungen innerhalb der Völker. Aus der Geschichte Israels ist diese Parallelität von Sünde und Zerbröckelung geradezu urbildlich abzulesen.

Diese scheinbar negative Seite hat ihr positives Gegenstück in der Gestaltung differenzierter Kulturen und dann im Hervortreten auch immer profilierterer Einzelpersönlichkeiten. Deren Leistungen strömen in das gesellschaftliche Leben zurück und bestimmen es mehr und mehr. (Durchaus nicht immer positiv.) So wie früher das soziale Leben weitgehend durch die vom UR-ADAM herabströmende Ur-Weisheit (vermittelt durch eingeweihte Priester) bestimmt wurde, so bestimmt sich das heutige Leben weitgehend durch die Leistungen, Initiativen, Egoismen einzelner Persönlichkeiten. Auch hier sind wir an einem Endpunkt angekommen. Es macht sich schon eine entgegengesetzte Tendenz bemerkbar. Leistungen sind immer mehr von Zusammenschlüssen und Teamarbeit abhängig.

Heute stehen wir am Wendepunkt bisheriger geschichtlich-kultureller Entwicklung. Warum? Weil wir als Menschheit weitgehend aus der Erziehungsführung (Gottes) entlassen sind. Die kulturelle Entwicklung bestimmte immer ein Auf und Ab. Degenerierte Volkskulturen wurden durch junge Völker abgelöst. Heute aber ist die Menschheit (wenn auch noch nicht für alle sichtbar) zu einem Ganzen zusammengeschweißt und der sogenannte Abstieg ist *global*. Den Aufstieg haben wir (wie es früher noch möglich war) nicht mehr zu erwarten. Nach dem Sündenfall mußten wir an dem Aufbau unserer physischen Existenz mitarbeiten; heute am Aufbau unserer sozialen. Gelingt es uns nicht, ist auch unsere physische in Frage gestellt. Zwischen Selbstvernichtung und Neuaufbau aus moralischer Eigenverantwortung gibt es kaum noch eine Alternative.

SINN DER ENTWICKLUNG

In ganz groben Zügen steht jetzt ein Bild dessen, was wir als Schöpfungsdynamik bezeichnen können, vor uns. Es fehlt uns noch die Antwort auf die wichtige Frage: Wozu das alles? Kurz gesagt: Es geht um die Inkarnation der Liebe und die Möglichkeit des Menschen, diese frei zu verwalten. Was alles das Wort »Liebe« beinhaltet, lassen wir zunächst offen. Sie ist die Grundsubstanz der Menschenentwicklung. Wir wissen es aus der Ontogenese des Menschen. Sie ist in ihrer primitivsten Form an die Organe gebunden, erscheint dann als Mutterliebe, setzt sich fort in freier Form in der Erziehung bis zur endgültigen Menschenreife. Wir wissen, welches Unheil entsteht, wenn der Erziehung des Menschen die Liebe fehlt. Die Antwort auf Liebe von seiten der Eltern ist *Vertrauen* und *Glaube*. Das Kleinkind ist dadurch völlig kritiklos dem organisch-seelischen Liebesstrom der Eltern (und Erzieher) ausgesetzt und ausgeliefert, dadurch aber auch dem Empfangen der Liebe geöffnet. Auch das ist beim Kleinkind organisch-instinktiv gebunden.

Wir haben einen brauchbaren Maßstab, wenn wir die Entwicklung eines Menschen unter dem Gesichtspunkt der Liebesmetamorphose betrachten. Dieser gilt auch für die kosmische Entwicklung des Menschengeschlechts. Nennen wir auf Grund unseres Sprachgebrauchs den, von dem die Schöpfung ausgeht, GOTT-VATER, so dürfen wir uns als dessen Kinder betrachten. Gleichgültig, ob wir dies hypothetisch einsetzen, oder Konkretes fühlend oder denkend damit verbinden.

Auch die Menschheit war diesem Liebes- und Ernährungsquell durch Vertrauen und Glauben kritiklos ausgesetzt und aufgeschlossen. Die Führung des Menschengeschlechts war, wie die Kindererziehung, dadurch charakterisiert, daß die kosmische Weisheit und Liebe, ursprünglich eine Einheit, immer mehr, vom Blickpunkt des Menschen aus gesehen, sich in eine Zweiheit differenzierte. Für das Menschenbewußtsein verlagerte sich der Schwerpunkt immer mehr auf die Seite der Weisheit. So wie das Kind für seine Entwicklung zur Selbständigkeit immer konkreterer Lebensregeln bedarf, so auch die Menschheit in dieser Entwicklungsepoche. Je konkreter dieses Reglement wird, um so mehr löst sich das Menschenkind von dem kritiklosen Glauben und Vertrauen. Es wird ihm immer schwerer, den ursprünglichen Lebensquell zu erfassen. Die Vaterliebe verwandelte sich immer mehr in Autorität, der man sich mit zunehmender Selbständigkeit immer widerspenstiger unterstellt. Unbemerkt geht die Liebesfähigkeit als eigene schöpferische Kraft in das selbständig werdende Menschenkind über.

Nun kommt der große Schock, oder besser die große Krisenzeit für jeden sich normal entwickelnden Menschen und auch heute für die Menschheit. Wir sind gewohnt, sie als Pubertätszeit zu bezeichnen. Gleichgültig, in welcher Stärke und in welchem Lebensalter diese erlebt wird, sie wird immer als Abgeschnittenheit, als ein Alleingelassensein empfunden. Es ist wie ein Durchgang durch den Tod, durch den tiefsten Punkt der Seinsmöglichkeit. Die neu sich regende selbständige Liebeskraft wird bis zur Unerträglichkeit zunächst rein organisch erlebt. Der Mensch kann durch ein seelisch-physisches Chaos in seiner radikalsten Form gehen. Dies Beispiel soll uns zum Verständnis unserer Zeit dienen. Um dabei nicht in Irrtum zu verfallen, muß man die Vielfalt der Individuen und die Manigfaltigkeit ihrer Entwicklung in Betracht ziehen. So auch die der Völker und Rassen. Es gibt heute Individuen, ja ganze Volksgruppen, die noch *vor* der Menschheitspubertät stehen, und viele Persönlichkeiten, die diese Periode schon hinter sich haben.

DIE SCHÖPFUNGSDYNAMIK IN GRAPHISCHER DARSTELLUNG

Der Versuch, die Schöpfungsdynamik graphisch darzustellen, diene als Unterstützung zum Lebendigerwerden des eigenen Denkens. Wir haben dort eine passive Seite, auf der der Mensch ein empfangendes oder unter (göttlicher) Erziehung stehendes Wesen ist. Der hier eintretende Abstieg, der von einem anderen Gesichtspunkt ein Aufstieg ist, vollzieht sich über Jahrtausende. Als Ausgangspunkt nehmen wir die Menschheitseinheit im embryonalen Zustand und bezeichnen sie als ADAM. Der Abstieg geht aus der Kraft der Ur-Weisheit und Liebe hervor in immer stärker werdende Differenzierungen. Die Epoche der Sippen- und Volkswerdung bezeichnen wir, im Gegensatz zur kosmischen Ausgangszone, als die Kollektiv- oder Sozialzone. Daran schließt sich nach unten die Individualzone. Der Sinn dieses Abstiegs durch langsames Entlassenwerden aus der Abhängigkeit der Liebeführung ist die Reifung zu einem liebesfähigen ICH. Der Tiefpunkt ist ein Todespunkt. Der Mensch ist dort völlig heimatlos. Er empfindet sich als sinnloses Staubkorn im unfaßbaren Ozean der Ewigkeit. Alle Vergangenheitsimpulse sind wirkungslos geworden, ebenso alle von außen kommenden moralischen Richtlinien. Der Mensch wäre an diesem Nullpunkt dem völligen Verfall anheimgegeben, wenn nicht bis dahin *in ihn*, in den innersten Kern seines Wesens, die Liebeskraft eingezogen wäre. Diese wird oder kann ihm zum Impuls des Aufstiegs werden. Der ist jetzt nicht mehr nur ein vom Vater ausgehender, sondern ein zum Vater hinstrebender. Dieser individuell gewordene Liebeskeim im frei gewordenen Menschen will nun daran mitarbeiten, die völlig atomisierte Gesellschaft wieder vollkommen zu machen, sie hinzuführen zu einer neu geeinten, man kann auch sagen, messianischen Menschheit. Dieser Aufstieg geht aus von der Individualzone (durch Selbsterziehung), führt hinein in die Sozialzone (durch wahlverwandtschaftliche Gruppenbildung und wirtschaftliche

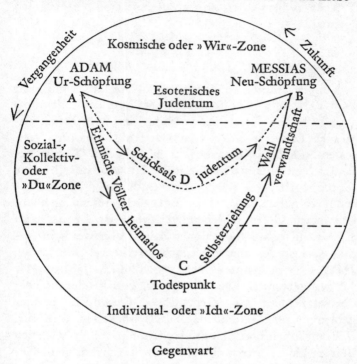

Passive Seite der Liebe — Aktive Seite der Liebe

Vergangenheit

Kosmische oder »Wir«-Zone

Zukunft

ADAM
Ur-Schöpfung
A

MESSIAS
Neu-Schöpfung
B

Esoterisches
Judentum

Sozial-,
Kollektiv-
oder
»Du«Zone

Ethnische Völker

Schicksals D judentum

Wahl verwandtschaft

heimatlos

Selbsterziehung

C

Todespunkt

Individual- oder »Ich«-Zone

Gegenwart

A — C — B : Weg des individuellen Menschen
A — D — B : Weg — »Schicksalsweg« — des Judentums
A — D : Judentum aktiv — Jude passiv
D — B : Jude aktiv

Assoziationen) und mündet in die kosmische Zone (kosmisches Bewußtsein). So wie am Anfang das Ur-Bild ADAM stand, so am Ende (in weiter Zukunft) der MESSIAS, die messianische Menschheit. Es geht um ein Wiedergewinnen der einst traumhaft erlebten geistigen Heimat.

ENTWICKLUNGSIMPULS IM JUDENTUM

Von der nun gefundenen Grundlage aus kann man zum Verständnis der besonderen Stellung des Judentums innerhalb der Gesamtentwicklung der Menschheit gelangen. Die erarbeitete Grundlage hilft uns, den zentralen jüdischen Gottesbegriff aufzuhellen. Begriff bedeutet hier dynamisches Gerichtetsein. Auch der höchste Gottesbegriff — En-Sof, »Der Endlose« — ist umfassende Dynamik. Das wird ausgedrückt, indem es heißt, daß Israels Gott ein »lebendiger Gott« ist. Er muß also als »Impulsgeber« begriffen werden. Von welchem Impuls spricht der zentrale, unaussprechbare Gottesname JHWH (von Ahnungslosen gewöhnlich Jahwe oder Jehova genannt)? Die Wurzel ist h-w-h oder howeh; übersetzt heißt das »Gegenwart«. Gegenwart ist der geheimnisvolle, unfaßbare Initiativpunkt, in dem sich Vergangenheit und Zukunft treffen. Sie ist im physischen Bereich nie zu orten, obwohl alles von ihr ausgeht. Gegenwart ist ein nicht seiender Punkt, der eine dynamische Position bezeichnet. Als Vergangenheitsdynamik haben wir den Abstieg von ADAM kennengelernt. Weist der jüdische Gottesname JHWH etwa auf die Vergangenheit? Nein! Denn vor HWH finden wir das grammatikalische Zukunftszeichen J, den Buchstaben Jod. So können wir mit Recht den Namen JHWH interpretieren als: »Die Gegenwart, die auf die Zukunft (den Messias) orientiert ist«, oder, in klassischer Formulierung, »Der Zukunftsimpuls in der Gegenwart«. Dies zu erkennen ist von grundlegender Bedeutung.

Wir wollen dies noch prüfen an dem Namen, den Gott sich selber, Mose gegenüber, gibt. Er sagt: Nenne mich *eheje ascher eheje*, »Ich werde sein, der ich sein werde«. Wieder haben wir die Zukunftsform. Gott sagt nicht: *Ani ascher Ani* (Ich bin, der Ich bin), oder *Ani ascher haja* (Ich bin, der ich war). Der in die Gegenwart (oder das Gegenwartsbewußtsein) einleuchtende Zukunftsimpuls ist es, der sich Mose (und den Kindern Israels) am Sinai offenbart. Dieser Zukunftsimpuls entzündet im Herzen der Juden die ewige Sehnsucht nach der messianischen *Verwirklichung*, der wieder vereinten friedlichen Menschheit.

VOM JUDENTUM ZUR MENSCHHEIT

Der jüdische Impuls von der Messiaszukunft als Initiative der Gegenwart setzt sich fort im Christentum. Als dieses sich vom Judentum absetzte, hatte es dadurch die Möglichkeit, diesen in die heidnische Welt einfließen zu lassen. Durch die Auseinandersetzung mit den verschiedenen ethnischen Gegebenheiten und durch Vermischung mit den heidnischen Völkern setzte sich dieser Impuls den großen Gefahren der Verfälschung aus. Die lange Geschichte des sich entwickelnden Christentums zeigt, daß bei dieser Auseinandersetzung nicht immer der universelle (ökumenische) jüdisch-christliche Impuls Sieger blieb. Er konnte sich meist nur in einzelnen Persönlichkeiten oder geheimen esoterischen Orden in relativer Reinheit erhalten. Die Waagschale zwischen ethnisch-heidnischem Wesen und rein ökumenischem Christentum war zu ungleich belastet.

Einer weiteren Gefahr war das Christentum bei seiner Ausbreitung ausgesetzt. Das Wesen des jüdisch-christlichen Impulses sollte es sein, den individuellen Menschen zu erfassen (siehe Graphik S. 49). Stattdessen breitete sich das Christentum durch Eroberungen kollektiv aus. Nicht der reif gewordene Mensch entschied sich in Freiheit zur Annahme des Christentums (wie es seinem Sinn entsprochen hätte), sondern das unreife Kind wurde durch *Vererbung*, Familien- und Sippenzugehörigkeit zum Christen getauft und geprägt. So erlag das Christentum in der Praxis seiner Ausbreitung weitgehend früheren heidnischen Bräuchen und Geistesverfassungen.

Die Gefahr wurde noch bedeutend erhöht durch die Beziehung der Menschen zur Person Jesu. Ich möchte hier völlig offen lassen, ob in Jesus von Nazareth in reiner Weise der Messias-Impuls inkarnierte oder nicht, ob in ihm erstmalig und einmalig der Messias individuell sich im Fleische offenbarte oder ob es sich bei Jesus nur um einen moralisch hochstehenden Reformer oder Propheten handelt. Die Gefahr liegt darin, daß der *Impuls*, der als Aufgabe in die Zukunft weist, von den Menschen allzu schwach erkannt und aufgenommen wurde. Das Bewußtsein befriedigte sich allzuoft an dem einmaligen historischen Geschehen und dessen Anerkennung, also am »Bekenntnis«. So bestand die Gefahr, daß man sich mit dem »Bekenntnis« begnügte und glaubte, dadurch schon »erlöst« zu sein von seinen Sünden, und nicht zur Nachfolge schritt, und Er so zum kultischen Verehrungs-Objekt wurde, wie einst die heidnischen Götter. Damit soll die Bedeutung des Christentums für die Entwicklung der Menschheit nicht in Frage gestellt sein, denn Gefahren und Versagen liegen im Wesen der Freiheit. Auch das Judentum ist großen Gefahren, wenn auch anderen, ausgesetzt.

Sehen wir aber ab von den Gefahren und sprechen von dem reinen jüdisch-christlichen Impuls, so repräsentiert dieser die vom Todespunkt Null aufwärts verlaufende Linie unserer Parabel; und als Christusimpuls können wir die Schubkraft (oder Anziehungskraft) bezeichnen, welche die »Umkehrung« (hebräisch *teschuwah*) der Dynamik von oben nach unten in die von unten nach oben verwandelt. Der Christusimpuls wirkt vom »Ich« zum »Wir«, zur Schaffung einer neuen Menschheit. Er will das Novum sein, das diese Umkehr bewirkt, das *Jod* jeder Menschenseele, das in seine Gegenwart, *howeh*, einschlägt.

DIE GROSSE WENDE IM JUDENTUM

Ist der jüdische Menschheitsimpuls in solcher Weise vom Christentum übernommen worden, so ergibt sich die Frage: Warum besteht das Judentum dennoch weiter und löst sich nicht im Christentum auf? In der Tat sehen und sahen viele Christen und christliche Gruppen das Fortbestehen des Judentums als eine atavistische Dekadenz, weder zeitgemäß noch berechtigt. Die christliche Kirche betrachtet sich oft als legitimen Generalerben der Verheißung, als »Neues Israel«. Das noch bestehende Judentum empfinden sie als Gespenst der Vergangenheit, als Ahasver oder nachwirkenden Schatten eines Toten.

Um die Zeit der Entstehung des Christentums vollzog sich die tiefgreifendste Wende in der Geschichte des Judentums. Es begann das vorläufig endgültig scheinende Exil, die Zerstreuung (Galut), die Heimatlosigkeit. Der jüdische Mensch wurde in der Gesellschaft *äußerlich*, allen sichtbar, heimatlos. Er lebte damit prototypisch ein Geschehen voraus, das sich in der Seele des »Einzelnen«, auch nicht-jüdischen Menschen, erst heute abspielt (siehe Graphik S. 49). Trotz dieser äußerlichen Heimatlosigkeit hatte der einzelne Jude eine seelisch-geistige Heimat. Diese in seiner Sehnsucht lebende Heimat: Jerusalem im Heiligen Land mit Gottes Tempel, verließ ihn nie. Diesem inneren Heimatbewußtsein verdanken wir es, daß heute noch Juden als Juden bestehen. Dieses spirituell-seelische Heimatbewußtsein schützte man durch die »Mauer des Gesetzes«, angepaßt den Galutverhältnissen.

Die Dynamik des Judentums verhält sich polar zu der des Christentums. Letzteres ist missionarisch-zentrifugal. Beim »einzelnen Christen« aber blieb die Richtung zentripedal. Der einzelne war ja meist der Geburtsheimat verhaftet, verdankte seine Zugehörigkeit zur christlichen Gemeinschaft, wie besprochen, dessen geographisch-geschichtlichem Mittelpunkt. Selbst die einzelnen Bekenntnisgruppen des Christentums (Katholizismus, Protestantismus, griechische Orthodoxie, russische Orthodoxie usw.) sind meist völkisch-geographisch verteilt.

Beim Judentum dagegen beginnt mit der Zeitenwende ein diesem polar entgegengesetztes Geschehen. Sein sichtbares Schicksal wirkte in Richtung Zerstreuung, ist zentrifugal. Diesem setzt es eine starke seelisch-geistige zentripedale Kraft entgegen. Es schließt sich immer mehr ab, zieht sich auf seinen nur ideell erlebbaren Heimatpunkt zurück. Es hat keinerlei missionarische Absichten. Im Gegenteil, es strebt nach immer größerer Reinhaltung seiner geistigen Heimatverbundenheit. Damit begibt es sich in die immer größer werdende Gefahr einer egozentrischen Verhärtung auch seiner Messiasvorstellungen. Immer mehr verschwindet das menschheitsfreundliche Gerichtetsein.

Diese Verhärtungstendenz wird oft als eine rassisch-blutsmäßige beschrieben, ja verpönt (wegen der Ablehnung der Mischehen, die ja auch zwischen Katholiken und Protestanten sehr ungern gesehen werden). Es ging und geht dem Juden der *Golah*, wenn er sich selbst richtig versteht — was sehr selten ist —, aber nicht um »rassische« Reinhaltung, sondern um die Treue zu seiner ideellen Heimat. Er empfand, daß der nicht-jüdische Partner meist nicht fähig war und ist, sich in eine nicht sichtbare Heimat zu integrieren. Und umgekehrt der jüdische Partner dem Reiz einer äußeren Heimat nicht widerstehen kann, wodurch er seine innere Heimat verliert.

Somit scheint es, daß das Judentum mit dem Entstehen des Christentums seine ursprüngliche menschheitlich gerichtete Mission verrät. Es sei denn, es wäre ihm mit dem Ereignis von Golgatha und mit der Zerstreuung eine neue, andersartige Aufgabe zugewachsen. Worin könnte diese bestehen?

Es mag befremden, daß ich zum Verständnis des Judentums in unseren Tagen das Christentum heranziehe. Die Antwort ergibt sich aus der Erfahrung, daß die Gegenüberstellung zweier Systeme die Erkenntnis beider fördert.

DIE ZWEI POLAREN WEGE

Einer der hervorstechendsten Züge des Judentums ist sein kollektiv-demokratischer Aufbau. Die anti-autoritäre Struktur ist tief im Judentum verwurzelt, sie hat prägende Kraft. Ein rechtes Gebet kommt nur zustande, wenn zehn Erwachsene im *Minjan* vereint sind. Nur eine Gemeinschaft wie das Synhedrion konnte Unklarheiten in der religiösen Auslegung lösen und Neuregelungen beschließen. Die Beispiele könnten beliebig erweitert werden. Die typisch jüdische Haltung ist, daß die Prägung des einzelnen zwar von dem anonymen, überpersönlichen Geist des Judentums ausgeht, daß das Ziel aber die Erweckung der urteilsfähigen individuellen Persönlichkeit ist.

Anders im Christentum. Dort ist die individuelle, fleischgewordene Idealgestalt Ausgangspunkt jeglicher Orientierung. Der legitime Ausgangspunkt ist vordringlich, sich zur christlich individuellen Persönlichkeit in der Nachfolge des individuell gegebenen Vorbildes zu bilden, um dadurch sozial fähig zum Gestalten und Wirken in der Gemeinschaft zu werden.

Wer da ein Urteil fällen will, welcher Weg richtiger ist, sollte sich erst eine Frage vorlegen: Was ist für die Entwicklung der Menschheit wichtiger, das Individuelle oder die soziale Gesellschaft? Es braucht keiner großen Überlegung, um zum Schluß zu kommen, daß beides von *gleicher* Bedeutung ist. Der Einzelmensch braucht von der ersten Minute seiner Geburt, genaugenommen schon vor seinem physischen Erscheinen, die menschlich (intakte) Gesellschaft. Eine heile Gesellschaft wird ihn fördern, eine zerstörte ihn schädigen.

Andererseits ist keine Gesellschaft ohne die Arbeit des Individuums denkbar. Fortschrittliche, gute, aktive Menschen sind zum Aufbau einer positiven Gesellschaft nötig. Schlechte, destruktive Menschen schädigen diese. Es handelt sich also nicht um Gegensätze, sondern um echte, notwendige Polarität. Das Gleiche gilt für die zwei Wege, den jüdischen und den christlichen. Judentum: Schaffung der freien Individualität durch die ideale Gemeinschaft. Christentum: Schaffung der idealen Gemeinschaft durch die freie Persönlichkeit. Durch diese Erkenntnis bekommt das jüdische Schicksal seinen besonderen Sinn. Jeder Weg, der die Schaffung freier Persönlichkeiten zum Ziel hat, muß durch das schmerzliche Erlebnis einer Heimatlosigkeit führen. So ist es auch verständlich, daß das Judentum »kollektiv« durch die Heimatlosigkeit der *Golah* gehen mußte, um sich nun in Freiheit neu aufbauen zu können. Nach jüdischer Überlieferung ist es die *Schechina* (»Gottes Einwohnung«, die auch *Knesset-Israel* genannt wird), die in die *Golah*, also in die Zerstreuung, geht. Das Schicksal des einzelnen Juden ist nur deren Spiegelung auf Erden. Christus dagegen sagt: Wer nicht Vater und Mutter verläßt und mir (aus individueller Entscheidung) nachfolgt, kann nicht mein Jünger werden.

Sehen wir die Parabel an (siehe Graphik S. 49), so können wir darin ablesen, daß das Juden-»tum« nicht die Grenze zwischen Sozialzone und Individualzone überschreitet, daß der Wendepunkt zur Neu-Geburt bzw. Umkehr innerhalb der Sozialzone liegt, während der Christ diese Grenze bis zu seinem tiefsten Punkt durchschreiten muß. Das bedeutet, wir bekommen zwei verschiedene Punkte der Umkehr beim Judentum und beim Christen. Beide Punkte charakterisieren aber unsere Zeit.

Damit hätten wir ein anfängliches Verständnis für die Neugeburt des Judentums in unseren Tagen erarbeitet. Es ist aber zunächst nur ein Punkt, der uns den weiteren Weg, der zu gehen ist, eröffnet. Eine Schwierigkeit des Verständnisses ist auch dadurch gegeben, daß sich sowohl im Christen- als auch im Judentum eine Umstülpung zwischen seelischem und physischem Schicksalsgeschehen vollzieht. Die Bodenständigkeit weiter Schichten der menschheitlichen Bevölkerung ist in der Auflösung. Emigration ist Massenschicksal. Das Judentum sammelt dagegen seine Menschen wieder nach fast 2000 Jahren im Heiligen Land.

Die Zeit der Zerstreuung ist trotz Abschließung und Ghetto nicht spurlos am einzelnen Juden vorübergegangen. Er ist in dieser Zeit (soweit man dies schon sagen kann) zur Persönlichkeit gereift. Und in der Tat erfordert der Entschluß zur Rückkehr eine *freie* Entscheidung. Nichts ist ihm mehr natürlich gegeben, d. h. als ethnische Voraussetzung. Er handelt nicht aus Zwang, sondern seine Rückkehr ist sein freier moralischer Entschluß. Er findet im alt-neuen Land keine rassisch-blutsmäßige, mit einheitlichem Brauch religiöse sprachliche Gemeinsamkeit. Diese muß erst (schmerzlich!) aus fast zusammenhanglosen Splittern, aus einem völligen Chaos neu gebildet werden. Diese eigenartige Situation kommt deutlich durch das Sprachenproblem zum Ausdruck. In wohl keinem Land der Erde werden so viele Sprachen als Muttersprache gesprochen, während die eigentliche Volkssprache, das Hebräisch, von jedem erst mühsam erlernt werden muß.

Beim Betrachten der Parabel in der Zeichnung ergibt sich ein gewisser Widerspruch zu dem hier Gesagten. In ihr finden wir den Tiefpunkt der Umkehr für das Judentum innerhalb der Sozialzone. Jetzt aber beschrieben wir den Juden als absoluten Individualisten, also im gewissen Sinne am untersten Punkt der Individualzone. Was aber ist nur das dann doch Zusammenhaltende dieses chaotischen Menschengemisches? Hier zeigt sich ein nicht so leicht durchschaubares Mysterium. Darauf soll in der Folge eingegangen werden.

SPANNUNG ZWISCHEN JUDENTUM UND JUDE

Der Leser wird bemerkt haben, daß hier meist von Christen gesprochen wurde, im Gegensatz dazu aber nicht von Juden, sondern vom Juden-*tum*. Vom Christen-*tum* heute schon zu sprechen ist (obwohl es routinemäßig geschieht) eigentlich eine Unwahrheit. Christen*tum* liegt in der messianischen Zukunft, ist das, was angestrebt wird, was erreicht werden soll. Real ist es, nur vom Christus-Impuls zu sprechen. Dieser ist, durch das Erdenleben Christi für die Menschen angeregt, die Schubkraft zur Aufwärtsentwicklung (siehe Graphik). Durch sie soll das Christen-*tum* als Letztes durch die Leistung (Nachfolge) der Menschen geschaffen werden.

Anders sieht es mit Jude und Judentum aus. Das ist allerdings noch schwerer zu durchschauen. Einen »Juden« gibt es heute eigentlich noch nicht, es gibt aber ein Juden-*tum*. Das Judentum soll erst den (wahren) Juden schaffen. Diesen wird man erst am Ende der Tage finden, er ist das Ziel der Entwicklung. »Ihr sollt mir sein (werden) ein Volk von Priestern.« Was heißt das? Der Priester oder Eingeweihte war der mit der Gottheit verbundene Führer der Menschheit und des Volkes. Am Ende der Zeiten allein wäre es denkbar, daß *jeder* einzelne Jude dieses Ziel für sich erreicht und damit eine völlig freie, sich selbst führende Persönlichkeit wird. Dagegen ist das Juden-*tum* als Erziehungsweg zu diesem Ziel durch die Auserwähltheit am Sinai und die Offenbarung der Bibel (Thora) ein heilig geschaffener Fakt. Es wurde, wie es in der Legende heißt, den am Sinai Versammelten übergestülpt. Es wird dadurch dem einzelnen zum Schicksal, von dem er sich nicht lösen kann. Judentum ist eine übersinnliche *Realität*. Schicksal ist ja (vom Irdischen aus gesehen) die unfreie Voraussetzung, innerhalb derer sich die individuelle Persönlichkeit entwickelt. Es ist der uns gnadenvoll gegebene Erziehungsfaktor. Wir können gegenüberstellen:

Christus-Impuls   gnadenvoll gegeben jedem einzelnen
                      Christen

Christentum	das zu Erstrebende
Judentum	gnadenvoll gegeben
Jude	das vom einzelnen zu Erstrebende

Der »Impuls« ist ja im Judentum und im Christen ein und derselbe.

Als Christus gefragt wird, welches das vornehmste Gebot sei, antwortet er (Matth. 22, 37) mit dem zentralsten jüdischen Gebet, dem *Schmah* (5. Mose 6, 4), und weiter mit 3. Mose 19, 18. Man kann auch auf Matth. 5, 17 verweisen.

DIE WELTMISSION DES JUDENTUMS
SEIT DER GOLAH (ZERSTREUUNG)

Wollen wir weiter zum Verständnis des Judentums vordringen, so müssen wir versuchen, die Sprache seines Schicksals zu entziffern.

Wir erkennen drei Hauptepochen in der Geschichte des Judentums. Die erste vom Auszug aus Ägypten bis zur endgültigen Zerstörung des 2. Tempels. Dann die 1800 Jahre der *Golah* und die jetzt beginnende neue Epoche der Rückwanderung. Aus der Bibel können wir ablesen, daß das Schicksal der ersten Epoche von dem Versagen oder Nicht-Versagen gegenüber dem sozial-moralischen Auftrag des Volkes gebildet wurde. Auch die Zerstreuung, die mit der Zeitenwende beginnt, ist die Folge moralischen Versagens. Die Kirche hat dies als Strafe für die Ablehnung des Jesus-Christus interpretiert. Das ist auf jeden Fall oberflächlich gesehen. Hätte doch das ganze sogenannte Erlösungswerk ohne die Passion und Kreuzigung nicht geschehen können. Ja, Christus selber spricht es aus, daß alles dies nach dem Willen Gottes geschehen müsse. Gerade das Jesus-Leben zeigt deutlich, wie Schicksal und Auftrag (für den Christen individuell, für das Judentum kollektiv) miteinander verbunden sind. Auch die Polarität zwischen Christentum und Judentum wird hier schon offenbar. Wir stehen hier an der Wegkreuzung. Mit dem Ende der persönlichen Passion des Jesus-Christus beginnt die kollektive Passion des Gottesvolkes. In der Bibel spricht Gott das »Volk« Israel wie eine Person an.

Der universelle jüdisch-christliche Messiasimpuls sollte sich über die ganze Welt ausbreiten. Wer aber wacht darüber, daß er nicht bei seiner Auseinandersetzung mit der Umwelt durch das Heidentum verfälscht wird? Hier setzt die neue Aufgabe des nachchristlichen Judentums ein. Die Verfolgungen und Progrome seit dem Beginn unserer Zeitrechnung sind das genaue Spiegelbild des christlichen Versagens. Am Leiden des Judentums zeigt sich die Abirrung der Völker und der einzelnen Menschen. Überall, wo Heidnisches in der Entwicklung der Menschheit die Oberhand gewinnt, zeichnet es sich an der Verfolgung der Juden ab. Der Druck, der auf Juden zum Zweck des Übertritts ausgeübt wurde (Spanien, Inquisition usw.) ist ein Verrat am Freiheits-Liebesimpuls und zeigt heidnisch-imperialistischen Geist. Der jüdische Menschheitsauftrag, wie er im *Schmah*-Gebet zum Ausdruck kommt, sollte durch den Christusimpuls die ganze Menschheit ergreifen. Das Judentum mußte in seiner Reinheit bestehen bleiben, damit es durch sein Leiden (parallel zum Christus-Leiden) offenbaren konnte, wann und wo dieser Impuls sich durch Mischung mit Atavistisch-heidnischem verfälschte. So wurde das Judentum zum kollektiven Opferlamm der Sünden der Menschen, Kirchen und Völker. Das Judentum hält immer Ausschau, ob und wo es messianische Verwirklichung finden kann. Es entlarvt aber auch das Wirken des Anti-

Christ, des falschen Messias (siehe Wladimir Solowiew, Der Antichrist).

Hätte das Judentum als geschlossene Schicksalsgemeinschaft selbst die Ausbreitung seiner Messias-Impulse übernommen — nach christlichem Verständnis: den Christus angenommen —, so wären sowohl dieser Impuls als auch das Judentum durch Vermischung verfälscht worden und beides wäre zugrunde gegangen. Versagen und Verfälschung wären nicht offenbar geworden. Die Schicksalsgeschichte des Judentums *vor* der Zeitenwende war Ausdruck des eigenen Versagens, nach der Zeitenwende des Versagens der Menschheit. Das ist der Sinn von *Kidusch ha Schem* (Heiligung des Namens durch Opfer). Damit bekommt die Zerstreuung Israels seinen Sinn. Am Schicksal des Judentums konnte sich der einzelne Christ prüfen, wie weit in ihm der Christusimpuls schon heimisch geworden ist. Überall, wohin der jüdisch-christliche Impuls gelangte, mußten auch Juden und jüdische Gemeinden kommen und diese tragisch-heldenhafte Aufgabe übernehmen; kabbalistisch ausgedrückt: die göttlichen Funken aus den zerbrochenen Gefäßen *(Klipot)* sammeln und wieder zu Gott hinaufheben.

SCHICKSALSZWANG UND ZIONISMUS

Heute stehen wir offensichtlich vor einer neuen Wende, nämlich der Wiederversammlung der Juden in Israel. Worin könnte heute die menschheitliche Aufgabe des Judentums bestehen? Versuchen wir, dieser Frage ebenfalls durch Entzifferung der Schicksalssprache auf die Spur zu kommen.

Wir sind mit einem gewissen Recht gewohnt, den ersten Impuls zum neuen Staat Israel auf Theodor Herzl zurückzuführen. Zumindest war er es, der diesen Impuls am klarsten formuliert und ihm politisches Gewicht gegeben hat. Woran entzündete sich die Idee eines Judenstaates bei dem assimilierten Humanisten Herzl? Wir wissen es. Es war der Antisemitismus, der selbst in dem damals aufgeklärtesten Land Europas, in Frankreich, durch den Dreyfus-Prozeß zum Ausdruck kam. Dieser Antisemitismus stoppte sozusagen Herzls Assimilationswunsch und -möglichkeit und »nagelte ihn wieder an den alten Stamm«, wie er sich selbst ausdrückte. In der Tat können wir eine Parallele beobachten zwischen Antisemitismus und Zionismus. Die großen Progromwellen in Rußland und Polen bedingen jeweils die Einwanderungswellen in das damalige Palästina. Die Tatsachen sind bekannt. Schließlich führte der größte Progrom der Weltgeschichte, die sogenannte »Endlösung«, zur Konstitution des alt-neuen Israel-Staates. Der Prozeß ist noch im Fluß. Der Nationalsozialismus Hitlers war die ungeschminkteste Abkehr von dem universellen jüdisch-christlichen Impuls. Er war ein völliger Rückfall ins Heidentum (Wotan-Kult). Daraus entsprang dann auch der Wunsch, das Judentum (und das, was in etwa wahres Christentum zumindest sein wollte) gänzlich zu vernichten. Der jüdische Staat wurde so notgedrungen das positive Gegenbild zu dem hemmungslosen Heidentum des Nationalsozialismus.

Solange die Welt durch die modernen Kommunikationsmittel noch nicht zu einem einheitlichen Ganzen zusammengeschmolzen war, schuf das Schicksal kleine, überallhin verteilte Inseln jüdischer Kultur. Das genügte damals als lokal verteilte Spiegelungsstrukturen für die jeweiligen Abirrungen vom wahren Messianismus. So gab es damals nur örtliche Progrome. Als der Pseudo-Messianismus Hitlers aber Weltmaßstab annehmen wollte, genügten solche kleinen örtlichen Bollwerke nicht mehr. Darum entstand im religiös-geographisch bedeutsamsten Zentrum der Welt der neue Israel-Staat.

Verfolgen wir mit gerechter Aufmerksamkeit dessen Entwicklung bis zur Staatswerdung und weiter bis zum heutigen Tag, so müssen wir staunend feststellen, wie wenig die *freie* Entscheidung der Juden daran beteiligt ist. Die geschichtlich-politischen Ereignisse überstürzen sich (auch für die Juden) wie elementare Naturereignisse. Die Diskussionen der Israelis und der Zionisten, ob überhaupt ein Nationalstaat, oder besser eine bi-nationale Förderation, oder eine neue internationale Form der Existenz wünschenswert sei, waren noch im vollen Gang, als die Staatswerdung förmlich überraschend hereinbrach. Die handfeste Not-Wendigkeit entschied. Alle, die damals in Palästina waren (auch der Schreiber dieser Zeilen), erlebten den Wandel zum jüdischen Staat wie ein Wunder. Das Auslösende war die arabische Feindschaft. Auch die weitere Konsolidierung und Erweiterung der Grenzen ereignete sich nicht »trotz«, sondern »wegen« dieser Feindschaft. Nur eine kleine, rechtsgerichtete Minorität träumte bis zum 6-Tage-Krieg von einer möglichen Eroberung Alt-Jerusalems. Am 6. Juli 1967 bat Golda Meir König Hussein noch, Neutralität zu bewahren. Wäre damals der Geist Husseins nicht (von Gott) verwirrt worden, so wäre heute noch Alt-Jerusalem in jordanischem Besitz. Die Rückeroberung wirkte auf die Israelis selber wie ein Wunder. Es ist ja erstaunlich zu sehen, daß jeder von den Arabern geplante Vernichtungskrieg letzten Endes die Position Israels stärkte und nicht, wie beabsichtigt, schwächte. Die unnachgiebige starre Feindschaft der umgebenden arabischen Völker läßt der Außenpolitik Israels so gut wie keinen freien Spielraum. Der Kampf um die nackte physische Existenz bestimmt sie. Religiös ausgedrückt könnte man es auch nennen: die Führung Gottes. Der Zionismus, ja die Existenz der Juden überhaupt, steht ganz wörtlich unter Not-wendigem Zwang.

Der Zionismus und damit Israel hat auch eine Zugkraft aus der Zukunft. Diese finden wir nicht durch Betrachtung der von außen wirkenden Kräfte, sondern in der Substanz des Judentums. Wir können, um dies aufzuweisen, auch auf Herzl verweisen. Allerdings nicht auf den Politiker und Rationalisten, dessen Konzepte sich an äußeren Tatsachen (dem Antisemitismus) in Hellbewußtsein entzündeten, sondern auf dessen Unter- (oder Ober-)bewußtsein im Traum seiner Kindheit. Dieser kam ihm kurz vor seinem Tode wieder ins Gedächtnis, und er berichtete ihn seinem Freund Braining (Herzl-Biographie von Alex Bein, Fieberverlag, Wien 1934). Hier ist der Traum:

»Der König Messias kam, ein prachtvoller majestätischer Greis, nahm mich auf seine Arme und entschwebte mit mir auf Windesflügeln. Auf einer der glanzerfüllten Wolken begegneten wir der Mosesgestalt. Der Messias rief Moses zu: ›Um dieses Kind habe ich gebetet‹, zu mir aber sagte er: ›Gehe, verkünde den Juden, ich werde bald kommen und Wunder und Großtaten vollführen für mein Volk *und* die ganze Welt‹.«

Dieser heute wenig bekannte Traum ist so erschütternd und bedeutungsvoll, daß er keines Kommentars bedarf. Er spricht eine deutliche Sprache. Aber auch andere »Träumer« der zionistischen Bewegung sind vom mesianistischen Geist erfaßt. Es geht ihnen nicht um die nationale Existenz an sich, sondern um den Aufbau einer neuen, gerechten, beispielhaften Gesellschaft. Der nationale Rahmen soll nur die Möglichkeit dazu bieten, die in der Galut nicht gegeben war. Wer den Geist kennt, aus dem die Kibbuzim in Israel entstanden, braucht kaum noch andere Belege für die Wahrheit des Gesagten. Den Kibbuzim, ja allen Pionieren des Zionismus, ging es vorwiegend um die Schaffung eines neuen, besseren, gesünderen und vorbildlichen Menschentypus. Es lebte in ihnen ur-christlicher Essäer-Geist.

Israel als Staat wurde nicht, wie es die (unbewußt antisemitische) Propaganda verkündet, aus nationalistischem-imperialistischem-expansionistischem Bedürfnis der Juden bzw. des Judentums geschaffen; geschaffen wurde Israel als Gegengewicht zum antisemitischen, antichristlichen und antihumanistischen Geist. Durch den Verrat Mitteleuropas und der Kirchen an deren wahrer Mission. Geschaffen wurde es als einzig sich anbietenden Ausweg aus der Vernichtungstendenz des Antisemitismus. Das zu begreifen, ist auch für das Selbstverständnis des Christentums, bzw. derer, die wahre Christen sein wollen, von ausschlaggebender Bedeutung.

WELTLABORATORIUM

Was jedem Besucher Israels sofort auffällt, ist die Vielfältigkeit der sich hier zusammenfindenden Kulturkreise, Nationalitäten, Rassen, Sprachen und sogar Religionen wie auch der verschiedendsten Bildungsgrade. Jede Einwanderungswelle steuert Neues dazu bei. Damit ist Israel, und Jerusalem im besonderen, eine Essenz der ganzen Erdengesellschaft. Ja, wir dürfen ruhig sagen, der ganzen Erde. Denn auch geographisch und klimatisch haben wir in diesem Land eine einzigartige Vielfalt. In diesem kleinen Ländchen gibt es gemäßigtes, subtropisches und tropisches Klima. Wir finden Erdformationen vom tiefsten Punkt der Erde bis zu Bergen mit ewigem Schnee. Unfruchtbare Wüsten verschiedener Formation liegen nahe dem paradiesischen, fruchtbaren

Galil. Wir begegnen Vertretern aller kulturgeschicht-
lichen Epochen, vom Beduinen über den Patriarchen mit
Harem bis zum modernen Wissenschaftler. Erlebt man
das alles, dann kommt einem der Gedanke, daß Israel
ein Laboratorium sämtlicher Weltprobleme ist. Um was
geht es denn in der Welt? Doch wohl darum, daß die
immer mehr zusammenwachsende Menschheit in ihrer
gegenseitig sich tolerierenden Vielfältigkeit in Frieden
und Eintracht zusammenleben lernt. Für Israel ist das
kein theoretisches Problem, sondern die einzige Alternative seiner Existenz. Das geht jeden ganz unmittelbar
an, der in Israel leben will. Das Problem ist unter dem
Namen *Kibuz ha Galujot* bekannt. Gelingt es Israel,
diese friedliche Einheit der Vielfalt zu gestalten, d. h.
mit seinen Problemen fertig zu werden, ohne die Freiheit und Besonderheit des Individuums zu bedrücken,
so wird es ein Vorbild für die Welt. Das Wort: »Von
Zion wird das Licht für alle Völker ausgehen«, bekäme
ganz konkreten Inhalt. Auch das ordnet sich organisch
ein in die bisher angestellten Untersuchungen. Wir finden dabei wieder den Aspekt der »Spiegelung« und des
messianischen Auftrags.

ZEITGEIST UND JUDENTUM

Der Zeitgeist ist dem Volksgeist übergeordnet. Er ersetzt ihn nicht, aber variiert ihn. Er beeinflußt das Selbstverständnis der Völker (und der einzelnen Menschen)
und ihrer kulturellen Dokumente. Das gilt auch für das
Judentum und sein Verständnis der Bibel. In der Realität
des gegenwärtigen israelischen Lebens sind, wie beschrieben, auch die Rudimente vergangener Zeitgeister noch
nebeneinander lebendig. Eine kurze Charakteristik möge
das veranschaulichen.

Man kann da und dort, z. B. besonders in jemeniti-
schen Kreisen, Juden finden, deren ganzes Leben noch
mit echter Religiosität durchtränkt ist. Die Moralfestig-
keit dieser Kreise ist bewundernswert. Wie glücklich
sind doch diese Menschen, die ohne zu zweifeln so leben
können. Wir empfinden ihre unmittelbare und ungebro-
chene Gottesnähe. Die Weisheit der Bibel und der mündlichen Lehre lebt unreflektiert in ihrem Alltag. Sie wirken auf uns (auch äußerlich) wie abrahamitische Gestalten inmitten ihres patriarchalischen Familienaufbaus.

Einen ganz anderen Eindruck machen auf uns die aus
Mittel- bzw. Osteuropa kommenden Ultra-Orthodoxen,
die sich z. B. in Mea-Schaarim in Jerusalem in einem
selbst geschaffenen Ghetto abschließen. Ihre Religiosität
ist geprägt von mittelalterlich-scholastischem Geist. Das
drückt sich schon in der Kleidung aus. Sie sprechen jid-
disch, ein vom Hebräischen durchsetztes Mittelhoch-
deutsch. Sonderbarerweise haben sie als Kopfbedeckung
selbst im heißen Israel den pelzberandeten Hut der kal-
ten polnisch-russischen Zone beibehalten. Sie sind genauso prüde und körperfeindlich wie die mittelalterliche
katholische Kirche. Die Dogmatik bestimmt das Verständnis, und nicht das Verständnis die Dogmatik. Sie
glauben, die wahren Juden zu sein, wissen aber nicht,
wie sehr sie vom mittelalterlich-katholischen Kloster-
geist beeinflußt sind.

Die gemäßigten, aber durchaus auch Orthodoxen bewegen sich im Geist des späten Mittelalters bis zur Zeit
des aufblühenden Bürgertums. Die Bibel, noch mehr
deren talmudische Auslegung, spielt in ihrem Leben eine
ähnlich zentrale Rolle wie in christlich-spätmittelalter-
lichen Familien. Äußerliches Einhalten des »Gesetzes«
ist bei ihnen vordringlich. Der religiöse Kultus und die
Teilnahme daran hat vor allem gesellschaftliche Bedeu-

tung. Echte Gottnähe und Innigkeit ist dort immer seltener zu finden.

Je näher wir (und die dafür repräsentativen Kreise in Israel) dem Zeitgeist des Humanismus kommen, je liberaler werden auch die Menschen orthodoxer jüdischer Kreise. In der Bibel sucht man immer mehr nach ethischen, humanistischen, ja hygienischen Maßstäben und findet sie natürlich auch. Für die »Wunder« sucht man immer mehr naturwissenschaftliche Unterstützung.

Für die die Reformationszeit repräsentierenden, immerhin noch religiösen Kreise wird die Bibel zu einem Erbauungsbuch. Religion wird immer mehr zur Privatsache, und man klaubt heraus, was einem persönlich zusagt. Auch Gruppen solcher Menschen sind in Israel zu finden.

Die heraufkommende Zeit des naturwissenschaftlichen und gesellschaftlichen Materialismus hat die atheistischen Kreise in Israel geprägt. Sie verzichten nicht auf die Bibel, aber sie ist für sie entweder ein folkloristisches Märchenbuch, wichtig zum Sprachstudium, oder ein von naivem Glauben überlagertes Geschichtsbuch. Dies unterstützt ihr Nationalbewußtsein und ihre geographische Verbundenheit zum Land. Das Sendungsbewußtsein ist völlig verlorengegangen. Man will ein Volk sein wie alle Völker und begründet dieses Recht durch die Bibel.

Wir können aus dieser kurzen Studie phänomenal die vom Zeitgeist geführte Abwärtsbewegung unserer Parabel (in der Graphik S. 49) ablesen.

ZEIT UND VOLKSGEIST

Wir sprechen zwar von Zeit- und Volksgeist, aber es ist uns schwer, damit eine konkrete Vorstellung zu verbinden. Daß der Volks- oder Zeitgeist, der Generationen und ganze Zeitläufe zusammenfaßt, keine spekulativ erdachte Fiktion, sondern eine geistige *Realität* ist, die durch uns und auch durch Menschen vergangener und zukünftiger Zeiten wirkt, ist uns noch schwerer vorstellbar als das, was in der Bibel Engel, Seraphim usw. genannt wird. So oder so, wir kommen nicht daran vorbei, wenn wir überhaupt von Volks- und Zeitgeist reden wollen, eine überphysische Einheit, das heißt also eine spirituelle Realität zu akzeptieren. Diese Realität inspiriert, färbt und leitet die Pluralität eines Volkes bzw. eine gewisse Zeitepoche.

Wenn wir von Juden-*tum* sprechen, so meinen wir damit eine solche übersinnliche Realität. Die Bibel und die mündliche Lehre (Talmud) sind deren Ausdruck. Der einzelne Mensch empfindet sich als Jude durch seine schicksalsmäßige Beziehung (Familie) zu dieser transzendenten Realität, eben dem Judentum. Bis zu einem gewissen Punkt steht er diesem passiv-empfangend gegenüber (siehe Parabel), kann sich aber dann auch zu einer aktiven Verantwortung erheben. Der Zionismus konnte erst in unserer Epoche entstehen, weil in ihr viele Juden diese Reife erlangten. So fordert unsere Zeit auch ein völlig neues Bibelverständnis für die dazu reif gewordenen Menschen. Der neue »Zeitgeist« liefert dazu den Schlüssel.

An dem Zustandekommen dieses Zeitgeistes hat das Judentum zunächst keinen Anteil. Seine Dynamik ist ja zentripedal, sich abschließend, sich rein erhaltend. Die missionarische Tendenz hat es zunächst an das Christentum abgegeben. Der *einzelne* Jude dagegen wurde sehr stark (wie wir sahen) vom Zeitgeist geprägt. Mit heiliger Begeisterung und Leidenschaft stellten sich viele Juden dem Zeitgeist zur Verfügung und wirkten unter seinem Einfluß zentrifugal. Die Zerstreuung begünstigte dies. Diese Zeitgerichtetheit des Juden ermöglichte es ihm, sich immer neues Verständnis der alten heiligen Dokumente und Überlieferungen zu erarbeiten, zu immer neuem Selbstverständnis zu kommen. Der Zeitgeist lieferte ihm dazu den Schlüssel.

Betrachten wir nun die Wirklichkeit des israelischen Lebens, so sehen wir eine gewaltige Spannung zwischen dem, was in dieser Wirklichkeit durch das Judentum und dem, was durch den Zeitgeist sich darlebt. Diese Spannung besteht in allen Kreisen, wenn sie auch in den religiösen nicht so kraß hervorsticht. Gestehen wir es ein: Die Wirklichkeit des israelischen Lebens ist weitgehend amerikanisiert. Viele Worte braucht man da nicht zu verlieren.

Es ist eigenartig aber wahr: Je mehr Juden aus der Welt nach Israel kommen, ob Aschkenasim oder Sefardim, um im Land als Juden zu leben, um so westlicher wird der Lebensstil, und westlich heißt heute amerikanisch. Man möchte fast meinen, daß das, was durch den Antisemitismus in der *Golah* dem Juden nicht möglich war, die Assimilation, sich jetzt in Israel kollektiv vollzieht. Kommt ein Ausländer ins Londoner jüdische Ghetto — oder auch in die *Kehilot* (Gemeinden) der meisten Länder — so findet er so oder so noch jüdisches Leben. Kommt er nach Tel-Aviv findet er amerikanisiertes Großstadtleben. Sicher, man kann manches dagegen einwenden und Einschränkungen machen, die Richtung aber ist damit charakterisiert. Nicht nur der äußere Lebensstil zeigt das. Viel schwerwiegender können wir dies in Erziehung und Universitätsleben, z. B. auch in der Kunst erfahren. Kaum ist im Westen ein neues psychologisches System Mode, wird es schon in Israel praktiziert. Wohl nimmt man das didaktische Material zum Teil aus der Geschichte oder Naturumgebung des Landes — Bibel ist Lehrgegenstand —, die Methode aber, und die gerade wirkt prägend, ist amerikanisiert. In Amerika ausgebildete Psychologen, Lehrer, Soziologen, Ärzte, Psychiater usw. werden bevorzugt. Amerikanische Kunst-, Tanz-, Musik- oder Film-Mode prägen allerorten das israelische Leben. Nicht nur die Lebensform, auch die Lebensinhalte und -strebungen. Die Idee der Bibel-Wettbewerbe ist wohl kaum aus jüdisch-religiösem Geist heraus geboren, trotzdem beteiligen sich begeistert jüdisch-religiöse Kreise.

Amerikanismus ist eine Erscheinung, die nicht nur typisch für Israel ist. Er ergreift alle Völker und Schichten, weil er durch den Zeitgeist gebildet ist. So können wir die Amerikanisierung auch nicht als Assimilation einreihen. Assimilation im jüdisch-negativen Sinn bedeutet das Aufgehen in anderen »Volksgeistern«. Zeitgeist ist dem Volksgeist übergeordnet und somit ist sein Einfluß auf das Judentum, wie wir sahen, legal. Er soll ja den Schlüssel zum Selbstverständnis liefern.

Es scheint zwar recht abseitig und eigentümlich, ist aber doch notwendig und hoffentlich jetzt auch verständlich: Um Klarheit über das israelische Leben und seine urtümliche Bestimmung zu bekommen, müssen wir uns mit diesem Zeitgeist, den wir Amerikanismus nannten, eingehender beschäftigen.

AMERIKANISMUS

Eine Besonderheit des Amerikanismus ist seine Traditionslosigkeit. Er ist nicht, wie die früheren Kulturen, völkisch-ethnisch vorbestimmt. Dadurch konnte und kann die Lebensart, die sich dort herausbildete, so leicht sich über die ganze Welt ausbreiten, d. h. Repräsentant des Zeitgeistes werden. Auch hier haben wir also Gewinn und Verlust zu bezeichnen. Der Gewinn liegt unter anderem in der Hebung des Lebensstandards und der Überwindung der Arbeitssklaverei. Der Verlust in der Aufweichung der alten traditionellen Werte und einer Schablonierung des Lebens.

Eine zweite Besonderheit des Amerikanismus ist die Wissenschaftsgläubigkeit. Die Wissenschaft hat ebenfalls eine positive und eine negative Seite. Sie ist menschheitlich ausgerichtet, übervölkisch und überkonfessionell. Andererseits beschränkt sie sich *nur* auf die quantitative Seite der Welt und hat uns dadurch ein materialistisches Weltbild suggeriert. Näher beschäftigen müssen wir uns also nur mit dem negativen Aspekt des Amerikanismus, da dieses Zerstörende auch so massiv in Israel zum Durchbruch kommt. Sowohl das Übernationale als auch das Universelle der Wissenschaft ist das vom positiven Zeitgeist allgemein Geforderte. Es ist menschheitsverbindend und damit in Richtung Messianismus. Das Negative liegt nicht in der Wissenschaft als solcher, sondern in der alleinigen Diesseitsgläubigkeit, der sich diese Wissenschaft unterwirft. Das aber ist dem Wesen des Judentums (das ja eine geistige Realität ist) und der Möglichkeit eines echten Bibelverständnisses diametral entgegen.

WISSENSCHAFT

Um Mißverständnissen vorzubeugen, müssen wir eine Vorbemerkung machen. Wie überall, so sind auch im Wissenschaftsgebiet in den letzten Jahren große Veränderungen eingetreten. Hier aber soll nur von der Wissenschaft gesprochen werden, die sich im gegenwärtigen Zeitbewußtsein und im sogenannten Amerikanismus niedergeschlagen hat.

Die Ergebnisse der Naturwissenschaft und der Mathematik gelten heute allgemein als die über alle Grenzen hinweg anerkannten und unumstößlichen Wahrheiten. Deshalb versucht man ihre Methode heute auf alles anzuwenden. So treibt man heute auch Religions- und Bibelwissenschaft. Was ist diese Wissenschaft? Müssen wir uns, um zu einem Verständnis des Judentums und Israels zu kommen, damit beschäftigen? Alles bisher Besprochene beantwortet diese Frage mit Ja! Würden wir es nicht tun, würden wir selber unwissenschaftlich und deshalb im angedeuteten Sinn von vornherein unglaubwürdig.

Wissenschaft hat zwei Seiten. Die eine ist die wissenschaftliche Gesinnung, die andere das Gebiet, auf welches diese Gesinnung sich *glaubt*, beschränken zu müssen. Wissenschaftliche Gesinnung ist durch exaktes Beobachten und unvoreingenommenes klares, logisches Denken gegeben. Diese Gesinnung hat sich aus früheren Bewußtseinszuständen entwickelt. Sie ist eine Kraft, die dem Menschen durch seine, von der Führung vollzogene Erziehung geworden ist (siehe Parabel). Sie ermöglicht dem Menschen, sich der Welt bewußtseinsmäßig gegenüber zu stellen und somit ihr gegenüber die Position der Freiheit zu wahren. Sie ist ein köstliches Gut und wert, des Menschen ewiger Besitz zu bleiben.

Die zweite Seite der Wissenschaft ist das Gebiet, auf das die gewonnene Kraft *glaubt*(!), sich beschränken zu müssen. Das ist eine weltanschauliche Glaubensfrage, eine Frage des freien Entschlusses, das liegt nicht im Wesen der Wissenschaft selbst. Artur Eddington charakterisiert die Position der Wissenschaft in seinem Buch *Philosophic Science* in folgender Weise: »Heutige Wissenschaft beschränkt sich auf das Gebiet der reinen Naturwissenschaft. In der Betrachtung der Natur beschränkt sich die Wissenschaft wieder auf bloße Gesichtswahrnehmungen und zwar in ihrer primitivsten Form, dem farb- und raumlosen Sehen.« Und der Physiker Werner Heisenberg sagte in einer Rede vor der Sächsischen Akademie der Wissenschaften: »Fast jeder Fortschritt der Naturwissenschaft ist mit einem Verzicht erkauft worden. Fast für jede Erkenntnis mußten früher wichtige Fragestellungen aufgegeben werden. Mit der Mehrung der Kenntnisse und Erkenntnisse werden in gewisser Weise Ansprüche der Naturforscher auf ein Verständnis der Welt immer geringer.« Zum Zitat von Artur Eddington bemerkt Dr. Lehrs, aus dessen Buch *Man and Matter* dieses Zitat entnommen ist: »Da bleibt von allem, was die Welt den menschlichen Sinnen darbietet, nichts übrig als reine Bewegungsvorgänge mit gewissen Veränderungen ihrer Geschwindigkeit, Richtung usw. Das Weltbild eines solchen Betrachters wäre mit Notwendigkeit ein rein kinematisches. Das aber ist in der Tat das Kennzeichen des modernen physikalischen Weltbildes. Denn in der wissenschaftlichen Behandlung finden sich alle *»Qualitäten«*, die uns durch unsere Sinne vermittelt werden, wie Farbe, Ton, Wärme, Dichtigkeit, selbst Elektrizität und Magnetismus, auf reine Bewegungsvorgänge reduziert.«

Es ist hier nicht der Platz, im einzelnen auf die Erkenntnisposition einzugehen, auf die sich die Wissenschaft beschränkt. Es gibt genug Literatur darüber. Wichtig ist für uns die Tatsache dieser Selbstbeschränkung. Sie mag für die Aufgaben, die sich die Wissenschaft gestellt hat, nützlich sein. Für die Erkenntnis der Welt, des Judentums, der Bibel, ja des Menschen in seiner Ganzheit, sind diese Grenzen viel zu eng gesteckt. Es ist durchaus willkürlich, eine Erweiterung der Grenzen auf geistige und qualitative Realitäten für unwissenschaftlich zu erklären. Im Gegenteil, eine Wissenschaft, die bei ihrer Betätigung nicht den Geist des Menschen, des Forschers, als eine an der Erkenntnis mitbeteiligte Realität einbezieht, ist im Grunde selbst nicht wissenschaftlich. Sie übersieht, daß der Geist mit zum Phänomen gehört. Erst abstrahiert man aus der Welt der Phänomene allen Geist und dann wundert man sich, daß man ihn nirgends mehr findet. Wenn man z. B. vom »Ton« den real erlebbaren »Klang« abstrahiert, so bleibt natürlich nur noch Schwingung übrig, deren Länge man in der Übertragungsmaterie, der Luft, messen kann. Dann aber zu behaupten, daß ein Ton nur Schwingung ist, ist in Wirklichkeit eine ganz unwissenschaftliche Haltung. Die Methode der heutigen Wissenschaft ist bewußt a-moralisch. Alles Moralische wird aus der Wissenschaft herausgehalten mit dem Ziel, »objektiv« zu sein. Dann ist es natürlich nicht verwunderlich, wenn man eine a-moralische Welt findet. So wird die Welt tatsächlich ihres Sinnes und Zweckes entleert.

Ein Vergleich: Man könnte aus unserer Speise alle Vitamine entfernen. Der Mensch, der so ernährt würde, wird krank. Der Arzt stellt a-Vitaminose fest. Nun bemüht man sich, den Patienten durch synthetische Vitaminpräparate wieder gesund zu machen. So ähnlich geht es uns heute. Die Wissenschaft (heute die wichtigste Nahrung unserer Zivilisation) hat aus allem, was sie beobachtet, Geist — Seele — Moral — Qualität usw. hinausgeworfen. Die ganze Kulturmenschheit ist daran erkrankt. Jetzt sucht man auf äußere Weise wieder Geist — Seele — Moral hinzuzufügen.

Die große Frage unserer Zeit ist also: Muß sich die Wissenschaft, um Wissenschaft zu bleiben, in der Weise, wie es hier charakterisiert wurde, beschränken? Oder kann sie in ihre Forschung mit wissenschaftlicher Gesinnung auch den Geist (Qualität) mit einbeziehen und sich so zu einer echten »Geisteswissenschaft« entwickeln? Von der Beantwortung dieser Frage hängt die Zukunft, d. h. die Gesundung der Welt, der Menschheit und damit auch Israels ab. Geist — Seele — Moral auf das spekulative Nebengleis von Religion — Philosophie — Metaphysik oder Kunst abzustellen, und dann der konventionellen, geistentleerten Zivilisation wieder aufzukleben, führt nicht zur Gesundung. Solche Pflaster fallen wieder ab. Man muß den Geist in allen untersuchten Phänomenen entdecken und erforschen, um ihn dann auch als ursprüngliche, primäre Kraft im Menschen selber zu finden.

NEUE PERSPEKTIVEN

Warum hat eine echte Geisteswissenschaft Aussicht, die Moral als *Kraft* im Menschen zu finden und zu entwickeln?

Moral gehört dem geistigen Bezirk der Welt an. Sie ist vergleichsweise ein Vitamin, das nur im geistigen Teil der Welt zu finden ist. Wir würden vergebens in der anorganischen Welt nach lebensspendenden Vitaminen suchen. Ebenso suchen wir vergebens in einer nur mechanisch-biologisch vorgestellten Welt nach *wirksamer* Moral. Dringen wir aber mit wissenschaftlicher Disziplin in die Erforschung des geistigen Teiles der Welt, so werden wir sie finden und auch lernen, sie menschengemäß zu benutzen. Wir dürfen weiterhin den Menschen, das heißt uns selbst, nicht nur mit den Mitteln und Methoden der a-moralischen Wissenschaft erforschen. Sie ist nicht fähig, den Menschen zu verstehen. Haben wir uns von Vorurteilen freigemacht und schauen auf uns mit wirklich realistischem Blick, so entdecken wir in uns den

77

höheren Menschen, der sich in dem biologischen verbirgt. Haben wir ihn entdeckt, so ist er für uns eine *Realität*, die keines Beweises mehr bedarf. Wir beginnen, den Menschen, wie er mit der Geburt in Erscheinung tritt, als ein Wesen zu erkennen, das aus drei Wesensgliedern besteht, aus Körper, Seele und Geist. Jedes der drei Teile hat seine besondere Gesetzmäßigkeit, alle drei sind *»objektiven«* Weltgebieten zugeordnet. Der eigentliche Teil unseres persönlichen Seins (besser Werdens) ist unsere Seele. Sie bekommt ihr individuell bewußtes, selbständiges Sein durch den Geist, in dem sie mit der einen Seite ihres Wesens wurzelt. Der Körper indessen bekommt seine individuelle Existenz durch Hinneigung der Seele zur physisch-organischen Welt. Demgemäß bezieht die Seele ihre Impulse aus zwei polaren Seins-Gebieten, aus dem physisch-organischen und dem geistigen. Diese Seele ist der Keim einer neu werdenden Realität. Von ihr ist die Rede in unserer Parabel. Das, was (auch nur teilweise) die heutige Naturwissenschaft zu erforschen fähig ist, ist der physisch-biologische Teil des Menschen. Dieser wird beim Tode abgelegt und in ihn inkarniert er sich bei der Geburt. Er ist der Boden, in den sich die Seele einwurzelt, um wachsen zu können.

Bis zu einem weit zurückliegenden Punkt menschlicher Bewußtseinsentwicklung blieb uns die Erkenntnis der physischen Gesetzmäßigkeit verschlossen. Obwohl der Mensch sich ihrer instinktmäßig bediente, war er doch noch nicht fähig, sich ihr objektiv gegenüber zu stellen. Im Verlauf des »Abstiegs« (siehe Parabel) erlangte der Mensch immer mehr eigene Bewußtseinskräfte und Selbständigkeit, so daß der Zeitpunkt kam, wo er die physische Welt als ein gesondert gegebenes objektives Sein erlebte. Damit erhielt er die Möglichkeit, sie zu erforschen. Er wandte sich mit wachsender Intensität dieser

Aufgabe zu, verlor aber dadurch immer mehr das Bewußtsein, daß es auch noch einen geistigen Teil der Welt gibt, obwohl er sich instinktiv noch lange Zeit von dem Nachklang derselben »ernährte« oder ernährt wurde. Jetzt ist der (fortschrittliche) Mensch zu vollem Ich-Bewußtsein (und Egoismus) herangewachsen. Nun muß er die Quellen seiner geistigen Existenz selber finden und erforschen. Ohne geistige Nahrung, die ihm heute nicht mehr durch die Kraft empfindungsmäßiger seelischer Erhebung zufließt, wird er a-moralisch oder un-moralisch. Nur eine Forschung auf höherer Ebene kann uns in immer größerem Ausmaß Daten liefern, die wir zu einem neuen Verständnis auch des Judentums und der Bibel benötigen. Prüfen wir mit ehrlichem Gewissen, was die konventionelle Wissenschaft über das Wesen des Judentums und der Bibel auszusagen fähig ist, so kommen wir zu dem Urteil: Herzlich wenig!

Judentum ist ein geistiger Überbegriff. Der Jude empfindet es zu Recht als ein ihm übergeordnetes geistiges Wesen (nennt es *Knesset-Israel* oder auch *Schechina*), das ihn als Individuum prägt und inspiriert. Geistige Wesen sind aber mit den Mitteln der heutigen Wissenschaft nicht nachweisbar, für sie ist das ohne Realität. Realitäten geistiger Wesen können wir erst erfassen, wenn wir uns selber als ein geistiges Wesen erfahren, d. h. erkannt haben. Das aber kann man durch die konventionelle Wissenschaft nicht. Würde sich die Wissenschaft auch auf die Erforschung des Erkenntnis-*aktes* richten, wie auch auf den Willensentschluß und das Erkenntnisbedürfnis, so würde sie den Menschen als geistiges Wesen entdecken. Damit aber hätten wir den Todespunkt unserer Heimatlosigkeit überschritten und würden durch solches Forschen auf höherer Ebene unsere geistige Heimat wiederfinden. Die Notwendigkeit eines solchen Grenzüberschrittes ist kein speziell jüdisches Problem. Es wäre ein allgemeines Aufwachen zum neuen Zeitgeist. In dem Maße, in dem man sich als Jude daran beteiligt, in dem Maße überwindet man das Erkenntnis-Chaos, in dem Israel sich selbst gegenüber befindet.

PROBLEME DES RELIGIÖSEN JUDEN

Die Beziehung des Juden zu den *Mizwoth* (religiösen Geboten) gehört zu den zentralen Problemen Israels.

Der religiöse, orthodoxe Jude glaubt, daß das Judentum zerfallen würde, wenn es sich nicht streng an die Vorschrift der *Halacha* (Gesetzes-Kodex) hält. Sollten Änderungen durch neue zivilisatorische Tatsachen unumgänglich sein, so dürfen diese nur von den dazu berufenen Rabbinern unter allerstrengster Anlehnung an die Tradition entschieden werden. Es dürfen alle, auch die modernsten technischen Erfindungen eingesetzt werden, um die Erfüllung des Gesetzes buchstabentreu zu garantieren. Dieser Ansicht nach darf sich der Jude keinesfalls des *Ol ha Schamajim*, der von Gott auferlegten Pflicht, entledigen. Man beschuldigt die »Reformierten« und die »Freidenker«, daß sich ihre Motive aus dem Wunsch ableiten, sich das Leben leichter und bequemer zu machen. Gewissenskonflikte dürfen keinesfalls Grund zur Änderung der *Mizwoth* werden. Der Individualist muß sich zunächst an die *Halacha* halten.

Wenn auch diese Ansicht von der Mehrzahl der jüdischen Bevölkerung abgelehnt wird, so bestimmt sie doch in tieferen Bezirken der Seele auch deren Haltung zum Judentum. Sie hat viel logische Überzeugungskraft. Erstens wurde dadurch das Bestehen des Judentums während der Zerstreuung überhaupt erst garantiert, und zweitens ist es ja auch nicht in die Willkür des einzelnen gestellt, die Naturgesetze zu verändern. Er muß sie auch als unumstößlich akzeptieren und sein Verhalten danach richten. Sind nicht beide durch eine höhere Macht, durch den Schöpfer der Menschheit gegeben? Dieses letztere Argument ist besonders lehrreich. Es soll sehr ernst genommen werden.

Bei näherer Prüfung würde man vielleicht zu der Erfahrung kommen, daß die offenbarten Gesetze der Thora *wie* Naturgesetze sind. Das heißt, Gesetze einer höheren Ordnung, die für *diese* höhere Ordnung wie die Naturgesetze für eine niederere Ordnung sind. Diese Ordnung liegt aber nicht in den verfestigten Fakten der Vergangenheit (wie die natürliche Schöpfung), selbst noch nicht in der Gegenwart, sie ist die Ordnung eines zukünftigen, noch zu erreichenden Zustandes höherer Ordnung. Erst nachdem der Mensch sich als autonomes Naturwesen empfand, erkannte und bejahte, konnten die Naturgesetze legitim zur Schaffung einer materiellen Zivilisation verwendet werden. Vorher richtete er sich unbewußt (instinktiv) nach ihnen. Er tat dies mit derselben Selbstverständlichkeit, mit der der Jude der Vergangenheit sich nach den überlieferten Gesetzen und Gebräuchen richtete. Weder die Naturgesetze noch die Moralgesetze wurden (von Ausnahmen abgesehen) einer individuellen oder wissenschaftlichen Erhellung unterworfen. Dies deshalb nicht, weil der Mensch noch nicht in das Stadium der Bewußtseinsseelenentwicklung und in die individuelle Freiheit eingetreten war. Man verhielt sich auf beiden Gebieten dem Zeitgeist entsprechend.

Auch die Beziehung des Menschen zur Moral und zum geistigen Teil der Welt war anders, war auf Konvention und unbedingtes Vertrauen zur Überlieferung und deren legitimer Autorität aufgebaut. Sie wurde solange wie möglich beibehalten. Hält sie aber dem neuen Bewußtseinsstand ehrlich noch stand?

Die Wahrheit der natürlichen Gesetze hat sich durch die Jahrtausende nicht geändert, aber das Verhältnis des Menschen zu ihnen und ihre Anwendung. Sind die orthodoxen Kreise der durchaus berechtigten Ansicht, daß die moralischen Wahrheiten ebenso in der Bibel liegen, wie in der Natur die natürlichen, so sollten sie sich der Bibel gegenüber ebenso dem neuen Zeitgeist entsprechend verhalten, wie sie es der Natur gegenüber tun sollten, für die dem Zeitgeist entsprechend eine neue Geisteswissenschaft zu fordern ist. Damit würde der Weg eröffnet, auch in der Bibel und im Talmud die moralischen Wahrheiten in neuem Licht zu entdecken und entsprechend auch neu zu handhaben. Wie der Fortschritt der materiellen Zivilisation sich nicht aus den noch nicht naturwissenschaftlich erhellten Naturgesetzen bilden konnte, so auch nicht der moralisch-geistig-religiöse Fortschritt ohne die Erhellung der Bibel durch zeitgemäße Geisteswissenschaft. Es würde, wenn dies nicht geschieht, der Abstand zwischen Zivilisation und wahrer Kultur immer untragbarer und führte zu Verhältnissen, die dann letztlich auch die ernsthaftesten orthodoxen Kreise mit in den Sog der Degeneration zieht. Das braucht nicht an der Grundeinstellung orthodoxer Kreise und ihrem festen Vertrauen rütteln, daß in der Bibel und ihren Gesetzen jegliche moralische Wahrheit und Aufgabe zu finden ist. Voraussetzung, um sie zu erkennen, ist, daß man den geistigen Teil der Welt als real erkennt und für erforschbar hält. Nebulose Begriffe von einer göttlichen Welt, die nur Glaube und Gehorsam erfordert, entsprechen nicht mehr dem Bewußtseinsgrad des heutigen Menschen. Erst durch Geisteswissenschaft wird man die unendliche Fülle von Wahrheiten, die in der Bibel liegen, neu entdecken, der Menschheit zum Segen.

Anfänge in dieser Richtung wurden schon gemacht, sowohl von jüdischer als auch von christlicher Seite. Erstere greift meist auf die Weisheiten der Kabbala zurück, ist aber nicht Kabbala im alten Sinn, sondern mit klarem wissenschaftlichem Denken, ohne aber in eine »Wissenschaft der Kabbala« zu verfallen. Vor allem ist hier Friedrich Weinreb zu nennen, dessen zahlreiche, meist in deutscher Sprache publizierten Werke richtungsweisend sind. Vorgeschwebt hat so etwas wohl sicher auch z. B. Raw Abraham J. Kook oder Leo Schaya, Martin Buber und Raw Philip Berg. Von christlicher Seite gibt es ebenfalls Autoren, die sich auf die Geisteswissenschaft Rudolf Steiners stützen. Zunächst Rudolf Steiner selber, dann aber auch seine Schüler, z. B. Rittelmeyer, Bogk, Frieling, Rau, Althoff.

FREIDENKER UND NICHTRELIGIÖSE

Der Freidenker forscht nicht in der Bibel, um dort seine Moral zu finden. Er sucht sie (wenn überhaupt) in seiner eigenen Persönlichkeit. Die Orthodoxen verwerfen das als unjüdisch. Sie meinen, Jude ist man durch einsichtige Befolgung der *Halacha*. Sie bemerken nicht, daß sie dabei inkonsequent sind. Sie würden nie einen Menschen als wahren Juden anerkennen, der möglicherweise alle Gesetze der Halacha befolgt, aber zusätzlich z. B. Mohammed als gottgesandten Propheten verehrt. Umgekehrt erkennen sie jeden, selbst den Atheisten, als Juden an, wenn er nur legal von einer jüdischen Mutter geboren wurde. Überdies wissen sie selbst, daß es ihnen bei allem guten Willen nicht gelingt, alle geforderten

Gesetze zu befolgen. Somit kann die *Halacha* nicht *der* Maßstab für das Wesen des Judeseins sein, und der behält sein gutes Gewissen als Jude, der die Moralgesetze nach der Stimme seines eigenen Gewissens befolgt. Diese als legal jüdisch empfundenen Extreme berechtigen uns, das Wesen des Judentums auf anderer Ebene als der des Lebensstils, der religiösen Einstellung oder der Weltanschauung zu suchen.

Immerhin werden wir durch diese Tatsachen zu den Fragen gebracht: Was ist Moral, und wie können wir sie finden? Hat Judentum überhaupt etwas mit Moral zu tun, oder ist es eine a-moralische, nur soziologische Gegebenheit? Vielleicht sind Völker nur Lebensräume für Individualisten? Oder ist die Beziehung Volk — Mensch, vom Aspekt der Moral und der Verantwortung gesehen, vergleichbar der Beziehung des Menschen zu seinem Haus bzw. seiner Wohnung? Der Mensch wird ja auch durch seinen Besitz moralisch angesprochen. Will er damit als Voll-Mensch leben, erfordert dies von ihm, die Wohnung z. B. zu gestalten und zu pflegen, da sie sonst dem Verfall preisgegeben ist.

Vielleicht ist es genauso mit dem uns gegebenen Judentum? Übernehmen wir, wenn wir in ihm leben wollen oder müssen, eine sozial-ethische Verantwortung? So etwas fühlt auch der nicht-religiöse moderne jüdische Individualist. Er fragt sich, wenn er ein denkender Mensch ist, welche Verpflichtung habe ich als Jude? Wenn er nach seiner moralischen Quelle fragt, wird ihm die Antwort nicht leicht. Im Gegensatz zum orthodoxen Juden, der annimmt, daß er seine ganze moralische Verantwortung und Substanz durch sein Judesein hat, findet der Individualist einen wesentlichen Teil in der einfachen Tatsache, ein Mensch zu sein. Wahrscheinlich haben beide recht. Sie konstatieren unbewußt eine

Tatsache und bilden nachträglich daraus eine Ideologie. Der Mensch irrt eben, wenn er glaubt, daß die Überzeugung das Wesentliche sei. Meist ist die Selbsterfahrung, wenn auch noch so unbewußt, das Primäre. Das ist wohl auch der Grund, warum ein Mensch den anderen so selten zu überzeugen vermag.

Ein trivialer Vergleich möge das Gesagte illustrieren. Ein Mensch ist in einem Hause aufgewachsen, wo man gewohnt war, Tee zu trinken. Entsprechend hat er in seinem Haushalt nur Tee vorrätig. Kommt ein Gast, kann er ihm nur Tee vorsetzen. Ein anderer ist aus gleichem Grund nur auf Kaffee eingestellt. Seine Gäste werden nur mit Kaffee bewirtet. Ein dritter ist viel in der Welt herumgekommen, gewöhnte sich an vielerlei Getränke. Er kann aus dem Vorrat seines Hauses dem Gast das anbieten, was er wünscht.

Ein in orthodoxen Kreisen erzogener Mensch findet in seinem Geisteshaushalt nur orthodox geformte Moral. Ein vom Materialismus geprägter Mensch findet in sich eben keine anderen Begriffe. Ein Mensch mit weitem Horizont ist tolerant, vielseitig, beweglich!

Wie sieht das aus, wenn man vor der Aufgabe des jüdischen Staates steht? Dieser hat sich ja aus ganz anderen Tatsachen entwickelt. Er ist Schicksal. Er ist das »Haus«, in dem Juden leben wollen oder müssen. Jeder bringe seine ihm zur Verfügung stehenden Gaben. Der junge jüdische Staat braucht Moral, die erfrischt, in welcher Form auch immer. Aber Moral, die Kraft gibt, die ernährt, und nicht nur von außen als Ideologie oder Parteidoktrin aufgeklebt wird. Jeder kann nur das geben, was in seinem Vorrat ist. Möge er es geben! Freuen wir uns, daß im Haus Israel »viele Getränke« gereicht werden. Aus Liebe und freudigen Herzens sollen sie gegeben werden. Keinesfalls soll man den Dienst für

Gott *(Ol-ha-Schamajin)* als Last empfinden. Nicht aus Pflicht, sondern aus Erkenntnis Liebe und mit Freude *seinen* Dienst finden, dadurch wird man fähig, selbst moralisch weiterzukommen. Nur von einer solchen Haltung her wird eine Handlung wirklich moralisch sein. Innerlich geisterfrischte Menschen sind positive Arbeiter am Aufbau Israels. Durch vertiefte Erkenntnisse und Verständnis, gepaart mit Toleranz, sind sie auf dem Weg zu einer echten Moral und können dadurch an der Gesundung der Gesellschaft mitarbeiten.

WAS IST MORAL?

Das Gefühl des Menschen braucht für dieses Wort kaum eine Erklärung. Das innere Wahrheitsempfinden unterscheidet recht deutlich zwischen einer moralischen und unmoralischen Handlung. Die Schwierigkeit liegt in dem Gegensatz, der sich zwischen Egoismus und Moral im Bewußtsein der Menschen gebildet hat. Alle Handlungen aus egoistischen Motiven empfindet man als unmoralisch, und Moral scheint darin zu bestehen, seinen Egoismus zu überwinden und aus Nächstenliebe zu handeln. Eine solche Forderung bringt den Menschen oft in unüberwindbare Gewissenskonflikte. In der Praxis des Lebens setzt sich zumeist der Egoismus durch, während in den idealen Forderungen hinsichtlich der Umwelt und bei selbstkritischen Menschen auch sich selbst gegenüber der Altruismus herausgestellt wird. Das allzuofte Versagen gegenüber dieser ideellen Forderung in der Lebenspraxis, im eigenen Tun und in der Gesellschaft, führt schließlich zu einer Art Resignation, die jedes Vertrauen zu einem moralischen Einsatz schwächt. Wir haben schon in einem früheren Kapitel einen Grund gefunden, der heute zur moralischen Schwächung führt.

Sollte das hier Beschriebene damit in Zusammenhang stehen?

Die naturwissenschaftlich-materialistische Einstellung ist es, die erst den Gegensatz zwischen Moral und Egoismus geschaffen hat. Diese Gesinnung hat den Egoismus zuerst von jeglichem Geist entleert und wollte dann Moral als Gegenforderung äußerlich wieder einführen, weil man merkte, daß geistentleerter Egoismus das soziale Leben krank macht. Eine rein pragmatische Erfahrung.

Geisterfüllter Egoismus? Das erscheint dem modernen Menschen als etwas Absurdes, als ein Widerspruch in sich selbst. Erkennt man aber den Menschen als ein Wesen, das einer höheren Ebene angehört, so entpuppt sich Moral als geisterfüllter Egoismus. Dann erweist sich des Menschen Wunsch nach Vervollkommnung als des Menschen höchstes, egoistisches Streben. Er erfährt auch, daß seine Vervollkommnung ohne seine Mitarbeit an der Vervollkommnung der Gesellschaft eine reine Illusion ist. So verschwindet für ihn der Gegensatz zwischen Egoismus und Altruismus. Aus geisterfülltem Egoismus schenkt er der Welt und der Menschheit seine tätige Liebe. Es ist für ihn ein Akt der Selbstverwirklichung. Wer hätte nicht schon erfahren, daß es das höchste, menschengemäßeste Glück ist, wenn er fähig wird, aufrichtig lieben zu können? Und kann man Egoismus nicht als das Streben des Menschen nach Glück definieren? Egoismus auf geistentleerter Stufe ist nicht menschengemäß, ist brutaler Kampf ums Dasein, vom Menschen aus gesehen noch eine Stufe unter dem Tierischen gelegen, weil die menschliche Intelligenz sich auf die animalische Stufe stellt. Wo doch der Mensch die Intelligenz bekommen hat, um höher zu steigen, um sein wahres höheres Menschsein zu realisieren.

Für den Juden wäre dieser Fall in die Tiefe ein Verrat an seinem Judentum, ein Verrat an seiner messianischen Substanz. Also ein doppelter Verrat an den beiden Grundsätzen des Judentums: ›Ihr sollt mir sein (werden) ein Volk von Priestern‹ und ›Ein Israelit sei verantwortlich für jeden anderen‹.

Die Erfüllung dieser Forderungen, insbesondere der letzten, war immer die Stärke des Judentums und hat zu seinem Überleben bis auf den heutigen Tag mehr beigetragen als alle sonstige Treue zur Überlieferung. Der orthodoxe Jude wäre ein Pseudo-Jude, wenn er nicht diesen höheren Egoismus zu leben versuchte. Auch die Geschichte des Judentums lehrt, daß jeder für sich nichts besseres tun kann, als seinem Nächsten zu helfen. Tut er es nicht, so zerstört er das Judentum, den jungen Staat und damit sich selbst. Wir sehen, daß auch zur Überwindung des scheinbaren Gegensatzes: Egoismus und Moral, der so viel Verwirrung und moralische Schwäche angerichtet hat, Einsicht auf höherer Ebene, also Geisteswissenschaft, nötig ist. Die so erworbene Geisterfahrung erlöst den einzelnen Juden auch vom National-Egoismus im niederen Sinn und erweitert sein Bewußtsein als Jude hin zur Menschheit. Er erlebt den Menschheitszusammenhang seines Judentums. Es besteht eben ein Zusammenhang zwischen dem Aufstieg (moralisch) des Judentums und dem (moralischen) Aufstieg der Menschheit. Dies ist u. a. auch im Zeitgeist begründet und sollte nicht nur ins Bewußtsein der Juden, sondern aller Völker und Menschen dringen.

ASSIMILATION

Wir haben darauf aufmerksam gemacht, daß der *einzelne* Jude, soweit er geistig lebendig, d. h. auch schöpferisch war, immer die Neigung hatte, sich mit dem fortschrittlichen Geist zu verbinden. Es liegt ja im ursprünglichen Impuls des Judentums, menschheitlich verbindend zu wirken. Solange aber die Völker (siehe Parabel) durch die sozialvolksmäßige Zone gingen, bestand durch die menschheitliche Neigung der Juden die große Gefahr der Assimilation. Es war die Gefahr, die geistige Heimat mit einer fremden ethnischen zu vertauschen. Damit hätte der Jude seine messianische Bestimmung verfehlt. Beschreibt man das *Wesen* des Judentums spirituell, esoterisch, so läßt sich sagen, daß es überhaupt nicht durch ethnisch-völkische Begriffe charakterisiert werden kann. Das scheint der eigenartige Sinn der Auserwähltheit zu sein. Alle anderen Völker waren in ihrem Ursprung heidnisch, und diese heidnische Komponente liegt noch heute im Kampf mit dem wahren Christus-Impuls. Dem Juden*tum* aber wurde von Anfang an die messianische Verheißung gegeben, nur um dieser willen wurde es überhaupt geschaffen.

Der einzelne Jude dagegen war in seiner Seele genauso heidnisch veranlagt wie nur irgendein Mensch eines anderen Volkes. So schielte er immer nach fremden Göttern und es zog ihn beständig zur Assimilation. Das ist die innere Spannung des jüdischen Volkes in seiner Geschichte. Dagegen sich überall da aktiv zu beteiligen, wo in der Welt — an welcher Stelle und in welcher Form auch — reine messianische Impulse wirken, ist für den Juden keine Gefahr, sondern gehört im Gegenteil zu seiner ureigenen Aufgabe.

Wir haben gesehen, daß zwar der »Todespunkt« des Juden*tums* gegenüber den anderen Völkern in verschiedenen Zonen liegt (Parabel), daß er aber zeitlich zusammenfällt. In den fortschrittlichsten Individuen regte sich überall in der Welt die Sehnsucht nach der Wiedererlangung einer geistigen Heimat und in den fortschrittlichsten Juden die Sehnsucht nach ihrer irdischen Heimat. Ihre Heimat war ja fast 2000 Jahre eine rein geistige. Die Aufgabe wäre nun, diese rein geistige Heimat, die ihr Messiasjudentum ist, mit dem Wiederaufbau ihrer geographischen Heimat zur Deckung zu bringen. Soweit sie mit dem Keimgeist der neuen Zeit verbunden sind, sind sie auf dem rechten Weg. Dieser neue Keimgeist beginnt sich allerorten in der Welt zu regen. Wer einen Spürsinn hat, kann ihn finden. Sich mit ihm zu verbinden, ist für den Juden keine Gefahr, denn dieser *neue* Zeitgeist ist ohne Zweifel universal-menschheitlich gerichtet.

FORM UND INHALT

Der Gegensatz, der zwischen Orthodoxie und Freidenkertum besteht, ähnelt dem Gegensatz zwischen Form und Inhalt, wenigstens so weit, daß er uns anregt, die Aufmerksamkeit darauf zu lenken.

Wiederum drängt sich die Frage auf: Besteht dieser Widerspruch auf allen Erkenntnisebenen, oder vielleicht auch, wie der von Egoismus und Moral, nur auf der Ebene des gegenständlichen Denkens? Finden wir ihn z. B. auch bei einem wirklichen Kunstwerk? Form und Inhalt bedingen einander dort völlig gleichwertig. Keines ist wegdenkbar, ohne daß damit der andere vernichtet würde. Ja, selbst die kleinste Veränderung des einen ginge auf Kosten des anderen. Anders ist es auf der Stufe des Gegenständlichen. Ein Glas Wasser können wir mit verschiedenen Inhalten füllen, ohne daß es verändert zu werden braucht. In der Schöpfung finden wir dieselbe Zweigestuftheit. Der gleiche Schwefel, Kalk oder Sauerstoff bildet das physische Gerüst der verschiedenen Naturformen. Die »Qualität« oder das Wesen eines Naturgebildes dagegen drückt sich in den einmaligen Formen aus. Die Form einer Palme ist identisch mit ihrem Wesen.

Steigen wir nun vom Kunstwerk zum Künstler auf, so sehen wir, daß sich sein geistiges Streben in ständig sich verändernden Formen ausdrückt. Trotzdem besteht darin meistens eine unverwechselbare Konstante, der persönliche Stil. Aus diesem heraus können wir den jeweiligen Künstler identifizieren. Die Persönlichkeit Rodins ist aus allen seinen Werken ablesbar. Übertragen wir das aus der Erfahrung gefundene Prinzip auf das Judentum:

Ist das Judentum eine unveränderliche Form, in die der einzelne Jude jeweils seinen persönlichen Inhalt gießen kann? Ist es ein von Gott geschaffenes, einmaliges Kunstwerk, so wie die Offenbarungen der Natur, dessen Formen man nicht verändern darf, ohne sein Wesen zu verfälschen? Oder ist das Judentum ein unauswechselbarer Geist, der um immer reinere Offenbarung seines eigenen Wesens in der irdischen Welt ringt?

Vor der großen Zeitenwende, die für das Judentum mit der Zerstreuung und der Zerstörung des zweiten Tempels einsetzte, schuf sich dieses ewige Wesen Judentum (*Knesset-Israel* oder *Schechina*) ganz andere Formen seines Ausdrucks als die, die sich später in der Zerstreuung herausbildeten. Beide aber sind unverwechselbar Ausdrucksformen des einen ewigen Geistes: Judentum. Was Jochanan ben Sakkai und dem Gelehrtenkreis von Javne früher als absolut gegen den Geist des Judentums gerichtet schien, vollzogen sie schweren Herzens, nämlich die Niederschrift der bis dahin nur mündlich überlieferten und gehüteten Lehre (Talmud, Mischna, Gemara usw.) Man denke auch an die Umwandlung des Opferdienstes in einen synagogalen Gebets-Kultus. Hätten sie diesen Mut nicht besessen, so wäre heute kaum noch etwas vom Judentum sichtbar.

Steht das Judentum heute, nach dem Todeserlebnis der Schoah (Holocaust) und der radikalen Wende, die sich durch die Staatswerdung abspielt, wieder vor der Notwendigkeit, einen ganz neuen Ausdruck für sein ewig-unverwechselbares Wesen zu finden? Wird sich ein modernes Javne finden, das diese schwere Aufgabe auf sich nehmen kann? Diese Frage ist umso akuter, nachdem wir sahen, daß die große Wende nicht nur für Israel eingetreten ist, sondern auch für den universellen Zeitgeist.

UNSER TÄGLICHES LEBEN

Wie steht es jetzt mit den konkreten Einzelheiten unseres israelischen Lebens? Jede Beschreibung, die wir geben werden, stimmt nicht. Das wirkliche Leben ist zu vielseitig, um in irgendeiner Weise eingefangen zu werden. Es gibt darin so viel Positives und Lichtvolles, daß es gewagt ist, einseitig das uns Bedrückende zu beschreiben. Wenn wir es doch tun, dann nur, um die hoffnungsvolle Seite unseres Lebens auf dem dunklen Hintergrund um so stärker aufleuchten zu lassen.

Da ist unser Wohlfahrtsstaat. Unsere soziale Verantwortung haben wir fast völlig an ihn abgegeben. Wir ziehen uns mehr und mehr auf unser Privatleben zurück. Der Staat bestimmt das Was und das Wie unserer Leistungen für ihn. Die Zentrale entscheidet. Sie bekommt ihre Vollmacht durch anonyme Wahl alle vier Jahre. Der Gewinner wird für diese Zeit, zwar nicht formell aber doch mehr oder weniger praktisch, zum Diktator, denn wir sind ein »demokratischer« Staat. Oft muß sich

die Regierung unter die Diktatur kleiner Koalitions-
parteien stellen, um nicht zu fallen. Wie dem auch sei,
der Staat manipuliert weitgehend unsere Initiativen. So
ist es nicht verwunderlich, daß diese immer schwächer
werden. Die Konsequenz: Wachsende Gleichgültigkeit
und Konformismus an den meisten Arbeitsplätzen, insbesondere an den administrativen. Als Lehrer, Funktio-
när, Universitätsprofessor, Bauleiter oder Sekretärin erfüllen wir die Pflicht, die eine übergeordnete Instanz
uns auferlegte. Wir arbeiten nicht nach *unserem* Willen,
sondern im Geist unseres Auftraggebers. Als Befriedi-
gung bleibt uns, daß wir die Mittel für unseren Privat-
verbrauch mehr oder minder reibungslos verdienen. Die
Gewerkschaft *kämpft* ja dafür, auch für die Sicherheit
unseres Arbeitsplatzes, wenn wir nicht mehr unseren
vollen Einsatz geben. Der Verbraucher, also jeder Bürger, ist jeweils das Opfer des Arbeits*kampfes*, auch wenn
sich zeitweilig sein Einkommen erhöht. Die Inflations-
schraube dämpft es dann schon wieder. Wie könnte es
denn auch eine Produktion *ohne* Arbeits*kampf* geben?!
Eine Produktion, bei der Arbeitgeber und Arbeitnehmer
friedlich für das Wohl des Verbrauchers zusammenarbei-
ten — wäre das unvernünftig und unmöglich zu erreichen? Als Privatmenschen läßt man uns ungestört und
frei politisieren und kritisieren, wir leben ja in einem
demokratischen Staat. Das aber hat auf unser soziales
Gefüge sehr geringen Einfluß.

Und unsere Intelligenzler: Der Beruf frißt sie auf,
sie müssen dauernd lernen, um den Anforderungen gerecht zu bleiben, so daß ihnen zum Denken keine Zeit
mehr bleibt. Was sie lernen müssen, bestimmen nicht
sie, sondern die Notwendigkeit des Berufes. Sie müssen
ihre »Sachkenntnisse« ständig erweitern. Der Lehrer bekommt neue technisch-didaktische Hilfsmittel vorgesetzt.

Er muß sie sich aneignen, ob er sie für gut hält oder nicht, ja, er hat kaum die Möglichkeit, dies zu beurteilen. Hat er da noch die Initiative zu fragen: Was ist eigentlich der Mensch? Die Wissenschaft, das Sicherheitsbedürfnis, der Arbeitsmarkt, die Industrie usw. sagen uns ja, wozu der Mensch gebraucht wird und zu was er erzogen werden muß. Der Professor: Jeden Tag gibt es neue Veröffentlichungen zu seinem Spezialgebiet, die es meist noch mehr spezialisieren. Die muß er alle in seinem Gehirn aufspeichern. Wer hat da noch Zeit und Neigung, in Zusammenhängen zu denken? Er schiebt dies den Philosophen zu, die aber haben nur zu übermitteln, was andere gedacht haben. Der Rabbiner: Ihm ist genau vorgeschrieben, was er zu denken und zu verlangen hat. Er muß peinlich darauf achten, auf dem schmalen, vorgeschriebenen Weg zu bleiben. Seine Kollegen kontrollieren ihn ständig. Der Sozialarbeiter: Er hat seine genauen Anweisungen. Seine Kompetenz ist auf vorgedruckten Formularen festgelegt. Der Student: Er möge selbst ehrlich antworten: Lernt er aus Interesse am Wissen und Erkennen, oder um seine Prüfungen zu bestehen, die ihm seine künftige soziale Stellung garantieren? Der Chemiker: Die Industrie bestimmt das Gebiet seiner Forschung, selbst wenn es sich um lebensfeindliche Produkte handelt. Er erfüllt seine Aufträge. Warum soll er sich Gedanken machen, wozu seine Forschungen verwendet werden, oder ob hinter Reaktionen höhere geistige Kräfte wirken? Der Psychologe: Er weiß nicht, was eigentlich eine Seele ist, will es auch gar nicht wissen. Er ist »Realist« und »Praktiker«. So beschäftigt er sich nur mit Reaktionen, Erscheinungen, Statistiken und Vergleichsexperimenten, nicht selten an Tieren.

Die Liste kann man beliebig erweitern. Sie erhellt die *negative* Grundlage, auf der unser amerikanisiertmaterialisiertes Leben aufgebaut ist. Heißt das dem Geist dienen, dem wir Juden durch unsern Namen als Israelis (Kämpfer für Gott) verpflichtet sind? Der Geist, der uns in unserem Gottesnamen JHWH anruft? Wo ist da Raum für unsere messianische Sendung? Können wir auf solch praktisch-materialistischer Grundlage ein für die Menschheit vorbildliches Sozialleben aufbauen? Oder begeben wir uns dadurch in den Sog der allgemeinen Verfallskräfte der Welt? Die Beantwortung solcher Fragen entscheidet über unsere Zukunft.

GEISTESWISSENSCHAFTLICHE HINWEISE

Das im vorigen Kapitel Beschriebene soll uns nicht entmutigen. Wir sind ja erst am Anfang. Fast 2000 Jahre Zerstreuung liegt hinter uns. Jetzt gibt es viel, unendlich viel zu tun. Manches wird durch das Schicksal bestimmt. Wir sind nur Arbeiter Seines Willens. Wir sollen und wollen aber Mit-Arbeiter werden, und darum müssen wir uns Einsicht in seine Pläne verschaffen. Wir werden den Plan auch nicht in der Bibel erkennen können, wenn wir sie nach materialistisch-wissenschaftlichen Methoden untersuchen, oder mit dem zu Dogmen erstarrten Bewußtseinsstandard vergangener Epochen. Das wurde ja bisher gründlich getan. Nun aber müssen wir *neu* lesen lernen. Wir müssen den Geist des Planers und seine Absichten erkennen. Wir müssen wissen, wo wir dabei heute stehen. Das ist nicht leicht, erfordert viel guten Willen, viel Energie, vor allem aber unbedingte Vorurteilslosigkeit. Letztere ist das Schwerste. Es gilt, sich ganz auf sein eigenes klares Denken zu verlassen, ohne nach rechts und links, nach hinten oder vorn zu schielen, ob es andere auch so sagen und wer und wann und ob es in das geliebte Weltbild, das einem »gemacht« wurde, auch säuberlich einzureihen ist. Ob es »konform« ist mit dem, was bisher »über« unsere Religion, über Geld, über Sozialismus, über Pflanzenwachstum usw. gelehrt wurde. All dies ist uns ja bekannt, haben wir in unendlichen Variationen schon gehört. Aber — wo sind wir damit gelandet?

Der neue Zeitgeist beginnt erst. Wenige nehmen ihn schon wahr. Hat man ihn aber einmal begriffen, ist der Todespunkt überschritten. Man kümmert sich nicht mehr so viel um das, was sowieso im Sterben liegt. Man beginnt den neuen zarten Keim zu pflegen, damit einmal Blätter, Blumen und Früchte dort wachsen, wo heute noch kaum etwas sichtbar ist. Konkret gesagt, man vertieft sich in die Frage: Wer bin ICH, was ist der Mensch, wozu wurde er geschaffen, und was fordert von uns unser Dasein? Man versucht selbständig, seine eigene Seele innerlich wahrzunehmen und zu forschen, ob man in ihr vielleicht einen Funken »Ewigkeit« entdeckt.

Wir sind so stolz darauf, daß wir exakt denken können. Wollen wir da nicht auch wagen zu fragen: Was ist eigentlich dieses Denken und der Gedanke? Gibt es einen Teil der Welt, aus dem er stammt und an dem wir auch Anteil haben? Es kommt uns doch der Gedanke, er blitzt in uns auf, er leuchtet uns ein, er kommt uns zum Bewußtsein. Ist vielleicht schon unser Bewußtsein unser Anteil an dem geistigen Teil der Welt? Wenn ja, können wir diesen Teil vielleicht durch Übung so stärken, daß er beginnt, den geistigen Teil der Welt differenzierter wahrzunehmen als nur durch das Mittel unseres vagen Gefühls? Schließlich haben wir durch allerlei Training auch unsere Beobachtungsfähigkeit der physischen Tatsachen erst steigern müssen, um die konventionelle Wissenschaft zu ermöglichen.

Es gilt sich einzugestehen, daß es noch viele Rätsel

gibt, die zu lösen sind. Diese Rätsel kann man ja schließlich auch mit derselben Wissenschaftlichkeit konstatieren und ordnen wie Beobachtungen der physischen Tatsachen und ihrer Reaktionen. Hat man das schon unternommen? Ein System der offenen Rätselfragen zu überschauen, bringt einen schon einen Schritt weiter. Es zeigt das Gebiet, das der materiellen Wissenschaft unzugänglich ist, aber eben doch ein Riesengebiet ist, ohne das die Erkenntnisse (mögen sie noch so intelligent aussehen) stümperhaft bleiben. Und so gibt es für den Menschen, der es ernst meint und denken *will*, viel zu tun. Das sind unbegangene Wege. Da geht es nicht um Anhäufung von Tatsachen-Wissen, sondern um tätiges, beobachtendes Denken. So kommt man vielleicht dahinter, welchen Teil das Denken und welches das Beobachten am Erkenntnisakt und am erkannten Objekt selber hat und wie wir mit den Gegenständen verbunden sind. Schließlich muß ja das, was wir in unser Bewußtsein bekommen, auch im Objekt, über das wir nachdenken, sein. Das Bewußtsein ist aber der geistige Teil unseres Seins, und in ihm erscheint durch den Gedanken der geistige Teil des Objektes. So gibt es viele Fragen, und wir können unser exaktes Denken darauf richten.

Da ist ein eigenartiges Phänomen: Die Selbsterziehung. Können wir leugnen, daß es so etwas gibt? Es wäre ein trauriges Zeichen für den, der es täte. Wir brauchen keine Philosophen zu sein, um zu fragen: Wer erzieht wen? Kommen wir durch diese einfache Frage auf die Spur eines höheren Bewußtseins oder auf die eines höheren Ich? Das sind exakte Beobachtungsmethoden und keine Spekulationen. Wir müssen in gleicher Weise auseinanderhalten den »Erzieher« und den »Plan«, nach dem er erzieht. All das verläuft in den rein geistigen Bezirken des Menschen. Erzogen soll fraglos der werden, der von den sogenannten (körperlichen) Instinkten beherrscht wird. Dieser »Instinkt-Mensch« in uns scheint weitgehend mit Vererbung und Umweltfaktoren zusammenzuhängen. Wo aber kommt dieses hellseherische höhere Ich in uns her? Das sind legitime Fragen. Führen sie uns vielleicht zum Beobachten eines Ich, das nicht durch Erbmasse oder Umwelt gebildet und bestimmt ist, da es sich beiden gegenüber souverän verhält? Ist dieses mystische, aber doch so tätige und erfahrbare Ich vielleicht in dem Teil der Welt beheimatet, in dem auch die Quelle der Moral ist? Das hat große Wahrscheinlichkeit, denn es bezieht seinen »Erziehungsplan« ja aus diesem moralischen Fundament. Hat es also Einblick in »Gottes Plan«? Vielleicht läßt sich unser gewöhnliches Bewußtsein so erweitern, daß wir diese, im Unbewußten schlummernde Kraft zum Studium des geistigen Teiles der Welt (und der Bibel) benutzen können, wie wir durch Jahrhunderte unseren Verstand zum Studium der äußeren Natur entwickelt haben? Das wäre keine Weltanschauung, Ideologie, keine Religion und keine Philosophie, sondern ein Schulungsweg wie der, der einen Mathematiker zur mathematischen Denkfähigkeit bringt, nur auf höherer Ebene. Der zu erwartende Erfolg wäre dann ein exaktes Wahrnehmen des geistigen Teiles der Welt mit neu entwickelten höheren Organen und ermöglichte den Aufbau einer ebenso exakten »Geisteswissenschaft«.

Wir sind durch diese kurzen und einfachen Überlegungen schon auf die Spur eines höheren Ich gekommen, das sich gegenüber dem Körper souverän erweist, somit eine gewisse Selbständigkeit besitzt. Der Gedanke liegt nicht ferne, ob dieses Ich vielleicht auch ohne den Körper existieren kann. Wäre es so, so hätten wir die Möglichkeit, echte Moral nicht nur zu predigen, sondern zu begründen (Schopenhauer). Denn nach reiflicher Überlegung kommt man zur Einsicht, daß in einem Menschen, der nur zwischen Geburt und Tod existiert, Moral keinen real vertretbaren Platz haben kann.

Damit wären wir wieder bei unserem Thema: Judentum und Israel. Wenn die Pflege des neuen, zarten Zeitgeistkeimes uns die Möglichkeit gibt, mit denkerisch hellem Bewußtsein in uns selbst zur Realwelt der Moral vorzudringen, so haben wir auch eine neue Möglichkeit gefunden, die moralischen Quellen des Judentums und der Bibel neu und bewußt zu entdecken. Unser religiöses und naturwissenschaftlich-historisches Bild bekäme seine notwendige Ergänzung. Die Bibel würde dadurch nicht nur ein Studienobjekt und ein Moralkodex, sondern auch eine Kraftquelle, die uns fähig macht, unsere Verpflichtung dem Alt-Neubau unseres Hauses gegenüber zu erfüllen. Das a-moralische, naturwissenschaftliche Menschenbild unserer Tage ist nur fähig, das äußere Gerüst zu errichten und die technischen Voraussetzungen zu schaffen, es zu verteidigen. Inneres Leben aber entsteht nur durch schöpferisch-lebendige Moral. Der alte Zeitgeist ist im Sterben, der neue im Keimzustand. Wollen wir Israel für die Zukunft aufbauen, müssen wir aus letzterem schöpfen. Dieser Zeitgeist ist menschheitsverbindend. Wenn er gesund wächst, wird er auch neue, gesunde Volks- und Nationalbegriffe aufbauen. Daß ein solches Menschenbild nicht verdorben und verfälscht wird, ist die Schicksalsaufgabe des jungen Israel.

SOZIALORGANISMUS, LANDWIRTSCHAFT

Das Gefühl der Sicherheit durch eine menschengemäße Organisation ist wohltuend. Der Lebenswert wird aber nur dadurch garantiert, daß jeder einzelne den verbindenden Geist erfaßt und praktiziert. Eine Grundfrage ist: Wie können wir den Mitmenschen dazu bringen »mit zu machen«. Eine gute Organisation stellt sich zur Aufgabe, das Ganze so zu gestalten, daß es den Bedürfnissen des einzelnen dient. Das ist aber nur zu erreichen, wenn in gleichem Maße die einzelnen dem Ganzen dienen können. Hat der einzelne keine Möglichkeit am Aufbau dieser Organisation und an deren lebendiger Erhaltung mitzuwirken, oder wird innerhalb dieser seine Aktivität nicht genügend angesprochen und gewürdigt, so erlahmt mehr und mehr seine Initiativkraft und sein Interesse für das Ganze, bis er sich schließlich (dankbar?!) manipulieren läßt und nur mit Forderungen an das Ganze herantritt. Die Möglichkeit, alle vier Jahre an einer anonymen Wahl teilzunehmen, oder auch die Möglichkeiten, die ihm die Zugehörigkeit zu einer Partei gibt, genügen nicht. Initiativen sind lebensspendende Kräfte einer Gemeinschaft. Sie bauen sich auf und ab, so wie die roten Blutkörperchen. Ein lebendiger gesunder Organismus muß täglich von den Initiativen der zusammenarbeitenden Menschen durchblutet werden.

Das bleibt aber eine schöne Phrase, wenn man nicht die Gesetzmäßigkeiten eines sozialen Organismus auch von seiner geistigen Seite her erforscht. Diese ist anderen Gesetzen unterworfen als die, welche für den rein technisch-funktionellen erforderlich ist. Diese zwei polaren Kräfte zu harmonisieren, ist die Aufgabe einer neuen geistgemäßen Sozialwissenschaft. Daß ein zentralistisch aufgebauter Einheitsstaat dem einzelnen nur die Möglichkeit gibt auszuführen, was von obenher geplant wurde, ist unsere bittere tägliche Erfahrung und zeigt, daß dem System (und nicht dem einzelnen) die Moral fehlt. Jeder geistig lebendige Mensch weiß aus der Erfahrung seines Lebens, mit welchen organisatorischadministrativen Schwierigkeiten er kämpfen muß, wenn er neue Initiativen anzubieten hat. Was dem sozialen Organismus dadurch verlorengeht, bekommen wir bei jedem Zusammenstoß mit der Bürokratie zu spüren. Unter dieser Krankheit einer a-moralischen Organisation zu leiden, wenn man, wie nur allzuoft, unter ihre geistlos-mechanisch arbeitenden Räder kommt, und deren Ursache geisteswissenschaftlich aufzudecken, sind zwei gesonderte Kapitel. Ein nur mit naturwissenschaftlicher Gesinnung nach Zwecken und Nützlichkeit aufgebauter Sozialorganismus ist seiner Natur nach a-moralisch, rutscht sogar schnell ins Un-moralische ab. Er wird nicht gesunden, selbst wenn man an ihn mit moralischen Forderungen herantritt, die z. B. aus dem reichen Schatz religiöser Tradition geschöpft wurden. Ein aus echtem jüdisch-messianischen Geist aufgebautes Sozialwesen würde sicher ganz anders aussehen als das heutige. Letzteres ist im Grunde nur eine konforme Nachahmung westlicher Staatsformen. Würde man die Grundgesetze eines sozialen Organismus auch von seiner geistigen und moralischen Seite her studieren, so käme man den jüdisch-sozialen Grundvorstellungen sicher viel näher als durch Übernahme europäisch-amerikanischer Methoden oder gar der sowjetischen Staatsform. Dieses für Israel und die ganze Welt so lebenswichtige Problem konnte hier nur angedeutet werden. (Ich verweise auf die entsprechende geisteswissenschaftliche Fachliteratur, u. a. von Georg Schweppenäuser, Verlag »Die Kommenden«, Freiburg, und Folkert Wilken, Novalis-Verlag, Freiburg.)

Wir haben in der *Halacha* Vorschriften, die aus tiefstem Wissen um die göttlich-geistige Lebendigkeit unserer Erde stammen. Eine solche ist z. B. die Vorschrift über das *Schmitta*-Jahr (Verbot des Anbaus im 7. Jahr).

Das Bewußtsein, daß die Erde ein lebendiger Organismus ist, ist auch in religiösen Kreisen verlorengegangen. Man arbeitet in der Landwirtschaft so, als ob die Erde eine chemische Retorte sei, die man unbeschwert für seine Zwecke (nicht der Ernährung, sondern der Lukrativität) ausnützen kann. Diese Methoden sind bei religiösen und nichtreligiösen Landwirtschaften gleich. Selbst wenn das *Schmitta*-Gesetz nicht (wie üblich) umgangen wird, können die Schäden, die eine materialistische Bauern-Gesinnung der Gottes-Erde angetan hat, dadurch nicht behoben werden. Die gesamte israelische Gesellschaft hat die Folgen der mit Chemikalien und Giftstoffen angereicherten Produkte und die Verseuchung des Grundwassers zu tragen. Da hilft es auch nichts, wenn solche Bauern über das minderwertig gewordene Brot, oder die durch Spritzmittel vergifteten Trauben die *Brachah* (den Segensspruch) sagen. Eine solche ausnützerische Lebenspraxis verfälscht zutiefst den wirklichen jüdisch-religiösen Gehalt. (Wir verweisen auf die Literatur über biologisch-dynamische Landwirtschaft, z. B. »Fruchtbarkeit der Erde« von Ehrenfried Pfeiffer.)

Das sei nur ein ganz bescheidener Hinweis zur Illustration des hier Gemeinten. Die Dinge sind sehr kompliziert und vielschichtig. Mit ein paar sentimentalen Schlagworten ist nichts getan. Angedeutet soll hier werden, wie sehr unser tägliches soziales Leben vom materialistischen Zeitgeist geprägt ist. *Dieser* Zeitgeist ist es, durch den das Erfassen und Praktizieren dessen, was wirklich zutiefst im jüdisch-sakralen Geist liegt, unmöglich wird. Das gilt für die religiösen Kreise nicht weniger als für die Freidenker. Um das Wesen dessen zu erfassen, was uns speziell als Juden für den Fortschritt der Welt aufgegeben ist, genügt *dieser* Zeitgeist nicht. Wir brauchen als moderne, selbstbewußte Menschen dazu einen neuen Zugang, einen neuen Schlüssel zu den differenzierten Tatsachen der geistigen Seite der Welt. Finden wir ihn, so werden wir auch wieder die Möglichkeit haben, die geistigen Hintergründe des Judentums neu zu erforschen und zu beleben.

ZUKUNFTSPERSPEKTIVEN

Die radikale Umwandlung, die sich seit dem Zweiten Weltkrieg für die Gesamtmenschheit wie für das Judentum ereignet hat, ist uns in ihrer vollen Tragweite noch nicht zum Bewußtsein gekommen. Es ist gut möglich, daß es zur Aufrüttelung unserer Einsicht noch weiterer geschichtlicher Katastrophen bedarf. Das ist verständlich, wenn man bedenkt, daß in unserer pluralistischen Gesellschaft die verschiedensten Grade der Bewußtseinsentwicklung nebeneinander bestehen. Eines der Haupthindernisse zur Selbstfindung des Menschen ist die aus der Vergangenheit übernommene zentralistische Struktur unserer Gesellschaft. Für die diktatorisch geführten Staaten bedarf dies wohl keiner Erklärung. Schwieriger ist es, die diesbezügliche Situation der demokratischen Länder zu durchschauen. Es kommt aber auch bei diesen durch das ständig wachsende Unbehagen des einzelnen gegenüber der Staatsbürokratie zum Ausdruck.

Im Gegensatz dazu sehnt sich der unsicher gewordene Mensch nach einer festen Führung, die ihm nicht nur wirtschaftliche, sondern auch geistig-seelische Sicherheit geben kann. Ausdruck dafür ist, daß das Mißtrauen gegenüber dem eigenen Ich junge Menschen oft dazu treibt, nicht nur physischen Selbstmord zu begehen, sondern Selbstmord ihres Ich. So ent-ichtet verschreiben sie sich mit euphorischer Begeisterung einem Guru. Dieser wird dann häufig ihr Ersatz-Ich, dem sie sich willig wie unmündige Kinder bedingungslos unterstellen. Andere Verzweifelte greifen zu Drogen, um dem eigenen mahnenden Ich zu entgehen.

All das sind Kinderkrankheiten der Menschheit auf dem Weg zur eigenen Mündigkeit und selbsterarbeiteten Reife des einzelnen. Letztere besteht darin, den Weg und die Kraft vom Erzogenwerden zur Selbsterziehung zu finden. Alles Davonlaufen vor dieser Zeitforderung stürzt sowohl den einzelnen als auch die Gemeinschaft in immer schlimmere Katastrophen, der man auch auf die Dauer nicht durch Guru-Euphorie oder Rauschmittel entgeht.

Selbsterziehung aber bedingt steigendes Bewußtsein für sein individuelles höheres Ich und die Erkenntnis einer realen, differenzierten geistigen Welt, oder besser: des geistigen Teiles der Welt, aus der dieses Ich stammt und in dem es beheimatet ist. All das ist heute nicht mehr instinktmäßig oder durch bloße Gefühle erreichbar, sondern nur durch denkerisches Erkennen des realgeistigen Teiles der Welt, die uns ja den Maßstab für die Selbsterziehung liefert.

Hierin deckt sich die Zeitaufgabe der Menschheit mit der Aufgabe, die Israel und dem Judentum gestellt ist. Die große Frage für beide ist: Woher nimmt der Mensch, der es noch nicht zu eigener Geistesschau gebracht hat, sein differenziertes Wissen über den geistigen Teil der Welt?

Zu allen Zeiten gab es Pioniere geistigen Forschens. Man denke an Euklid, Galilei, Faraday, Marie Curie und viele andere. Diese »Forscher« zeichnen sich gegenüber den »Heilsbringern« dadurch aus, daß sie ihre Forschungen der gesunden Vernunft und Beurteilung des gutgewillten denkenden Menschen zugänglich machen konnten. Die Naturwissenschaft des 15. und 16. Jahrhunderts wurde durch derartige Pioniere in die Geleise ihres Wirkens gebracht.

In derselben Situation stehen wir heute in Bezug auf die Erforschung des geistigen Teiles der Welt. Immer mehr seriöse Geistesforscher melden sich zu Wort, und deren Ergebnisse können von unserem gutgewillten, vorurteilslosen Wahrheitsempfinden auch nachgedacht und akzeptiert werden. Bahnbrechend auf diesem Gebiet war Dr. Rudolf Steiner (1861–1925), der eine unendliche Fülle exakter geisteswissenschaftlicher Forschungen veröffentlicht hat. Seine zahlreichen Schüler, die sich unter dem Namen »Anthroposophie« zusammenfinden, arbeiten nun daran, die daraus entstehenden Möglichkeiten für alle Gebiete unserer Zeitkultur praktisch auszuwerten. Die Wahrheiten seiner Forschungen beweisen sich mehr und mehr auf allen Gebieten der Lebenspraxis.

Im Judentum und seinem Schrifttum liegt ein ungeheurer Schatz an Weisheit über den geistigen Teil der Welt, dem wir durch unser höheres Ich angehören. Dies ist uns, wie es in früheren Zeiten notwendig war, verschlüsselt überliefert. Auch im jüdischen Kulturkreis bemühen sich ernste Geisteswissenschaftler — allen voran Friedrich Weinreb — diesen Schatz zu erschließen. Forschungsergebnisse sind ja da für alle Menschen. Nur die Art, wie sie angewendet werden, variiert entsprechend den einzelnen Kulturgebieten. So sind die Ergebnisse, die sich auf jüdisches Kulturgut stützen, für die Welt ebenso bedeutend wie solche aus anderen Kulturgebieten für Israel. Die große Zeitenwende, an deren Anfang wir stehen, erfordert das Studium solcher Forschungsergebnisse und deren sachgemäße Anwendung auf allen Kulturgebieten.

Die große Zeitenwende zeigt sich für das Judentum

in seiner endgültigen Öffnung zur Welt. Auch das muß erkannt werden. Die einst berechtigte Zeit des Ghetto-Judentums und seiner Abschließung ist vorbei. Die Staatsbildung, von vielen noch nicht erkannt, ist eine radikale Zuwendung Israels zur Welt. Ein egozentrischer Nationalstaat wäre ein Rückfall ins Ghetto in anderer Form. Dieses kleine Israel hat ja in der kurzen Zeit seines Bestehens eine ungeheure Bedeutung in der internationalen Politik erlangt, Israel ist zu einem Weltbeweger geworden. Gehört das nicht auch zu den großen Gotteswundern, die charakteristisch für die Geschichte Israels sind? Diese gewaltige Öffnung Israels zur Welt sollte nun sein Gegenstück finden in der Öffnung zum geistigen Teil der Welt.

ZWEITER TEIL
RELIGION UND IHRE ASPEKTE

Ohne sich auf Statistik zu stützen, darf man wohl sagen, daß mit dem Wort Religion heute die Mehrzahl der Menschen etwas assoziativ verbindet, was die ganze Tragik unserer modernen Zeit bestimmt. Von Religion in dem hier angedeuteten Sinn kann eigentlich erst seit Konstituierung der Kirche gesprochen werden. Erst seit dieser Zeit begann für das Bewußtsein der Menschen eine Spaltung in eine sogenannte geistige und eine irdische Welt. Erstere wurde zunehmend die Domäne der Religion, während die irdische (unerlöste) Welt als die des täglichen profanen Lebens empfunden wurde. Das Erkenntnisorgan für die physische Welt wurde immer mehr die Wissenschaft, während das für die geistige Seite der Welt, soweit sie überhaupt noch für das Bewußtsein existierte, der Glaube wurde. Der Erkenntnisabgrund zwischen beiden Welten wurde immer tiefer und breiter und bekam sein philosophisch gutes Gewissen durch Imanuel Kant.

Wollen wir zu einem neuen, realistischen Inhalt des Wortes Religion finden, so wäre die erste und wichtigste Aufgabe, erkenntnismäßig den künstlich errichteten Abgrund zwischen der physischen und der geistigen Hälfte der Welt zu überwinden. Das aber bedeutet eine wahre, notwendig gewordene spirituelle Revolution, ohne die wir nicht aus den tragischen Sackgassen, in die unser kulturelles und zivilisatorisches Leben geraten ist, herausfinden.

RELIGION ALS BEDÜRFNIS DES MENSCHEN

Das oft zitierte Wort: »Wenn es keinen Gott gäbe, so müßte man ihn erfinden« bedeutet mit anderen

Worten, der Mensch braucht den Glauben an Gott zum Zweck seiner seelischen Hygiene. Materialisten sind deshalb der Ansicht, daß der Begriff »Gott« aus diesem Grund von den großen Psychologen der Menschheit erfunden und durch den Nimbus des Geheimnisvollen, eben der Religion, in die Menschheit infiltriert wurde. Das früher als besonders gescheit gegolten habende Wort: »Religion ist Opium fürs Volk« hat seine Popularität schon verloren.

Untersuchen wir, wann beim einzelnen, ja auch bei einer Volksgemeinschaft, das Bedürfnis nach Religion im Wachsen ist, so bekommt die eingangs zitierte These eine pragmatische Stütze. In Zeiten äußerer und innerer Bedrängnis erinnert sich der Mensch des Betens. So ist es noch heute. Schwere Kriegsereignisse z. B. erwecken das Aufleben des religiösen Empfindens. Selbst Menschen, die den Sprung aus ihrer materialistischen Theorie ins Religiöse nicht verkraften können, schauen dann mit einer wehmütigen Anerkennung, ja oft sogar Neid, auf die, die in der Religion Stütze und Trost finden.

Die seelische Hygiene, die man in der Religion sucht, hat noch einen anderen Ansatzhebel, der nicht weniger pragmatisch ist. Sie wird vor allem von den Müttern gesucht, die die Aufgabe der Erziehung nicht mehr verkraften. Die traditionellen religiösen Formen erweisen sich, so hoffen sie, als ein gutes didaktisches Erziehungsmittel. Ein Blick auf die sittliche Situation der »Religiösen« im Vergleich zu den »Freien« ist recht überzeugend.

Häufig, so scheint es, wird die Frage, ob es wirklich einen Gott gibt oder nicht, d. h., ob er nur eine nützliche hygienische Erfindung ist, als unwichtig übergangen. Wichtig scheint der sittlich-seelische Nutzeffekt. Er genügt. Noch weniger wird die Frage gestellt, was nun wirklich mit dem Begriff Gott angesprochen ist.

Es scheint absurd, über Religion nachzudenken und nicht gleichzeitig über Gott. Prüfen wir aber, welche Vorstellungen man mit dem Wort Gott verbindet, kommen wir zu keinem gemeinsamen Ergebnis, sondern zumeist nur zu ganz allgemeinen und unklaren Formulierungen. Letzteres ist, so scheint es, das Häufigste und auch das Jüdischste. Dem Judentum ist ja aufgegeben, sich kein Bildnis von IHM zu machen. Er ist der unbegreiflich Höchste, über allem Geschehen Erhabene, alles erst Hervorrufende. Und dieses ganz Unbegreifliche spricht man im Gebet mit »Du« an, lobt und preist es über alle Maßen und fühlt sich ganz persönlich von IHM gelenkt, beschenkt, beauftragt, geprüft und bestraft. Hier der Mensch, dort das große »DU«, das Unfaßbare, das von dem Unzulänglichen gepriesen, angebetet, gelobt und verherrlicht werden soll und wohl auch will.

Im Gegensatz zum heidnischen Menschen, dem sich alles Unbegriffene in eine Vielheit von Göttern differenziert, lenkt der Jude seine Andacht zu dem EINEN, dem Global-Unfaßbaren. Er sieht sich durch den in ihm wirkenden Bösen *(Jetzer ha Raa)* dem in der Gottheit waltenden guten Prinzip gegenübergestellt. Gut und Böse, vollendete Weisheit und Erkenntnisdunkel, stehen sich auch im Judentum unerforschbar dualistisch gegenüber. Der Mensch steht zunächst, jedenfalls seit dem Sündenfall, auf der Seite der Dunkelheit. Er kämpft und betet um seine Befreiung von Illusion und dem Bösen und um den Aufstieg zu Weisheit und Güte. Die Forderungen der Religion sollen ihm dabei helfen. Die Religion wird ihm dabei zum Mittler auf diesem Weg. Er bedarf dieser Vermittlung, die ihm von Gott, dem unbekannten Vater, selbst gegeben wurde, da er ja noch dem dunklen Prinzip, dem Anti-Gott verhaftet ist. Dem Juden konkretisiert sich dieser Vermittler in einem festumrissenen Begriff, der seinem Verständnis (im Gegensatz zu Gott) faßbar ist. Dieser Vermittler ist das Volk Israel *(Knesset Israel)*. Israel wurde zum legitimen Vermittler durch seine »Auserwähltheit«, die sich durch die Übergabe der Thora am Sinai-Berg vollzog. Sozusagen im Vorfeld dieser Auserwähltheit steht der sich dreifach offenbarende Gott: »Der Gott Abrahams, der Gott Jitzchaks und der Gott Jaakobs.« Studium der Thora und Befolgung der ihm von der Religion auferlegten Gesetze sind dem Juden Weg zu Weisheit und Moral.

Jetzt verstehen wir, wie man über Religion sprechen kann, ohne über Gott zu sprechen. Über Gott sprechen hieße, über völlig Unbekanntes, völlig Unfaßbares zu sprechen. Religion aber umfaßt ganz konkrete, dem Menschen erreichbare Ziele. Ist sie ihm der Vermittler zu Gott? Nein, denn mit zunehmender Weisheit und Moral rückt die Gotterkenntnis in immer weitere Fernen. Das Unbekannte ist dem besten und weisesten Menschen nicht weniger unbekannt als dem einfach-naiv Gläubigen. Obwohl dem Menschen Gott als das große »Du« in gewisser Weise das oder der »Nächste« ist, ist der Abstand zwischen ihm und Gott doch unendlich, unüberbrückbar. Was also vermittelt uns die Religion? Was ist ihre Bestimmung? Wozu ist sie gut?

Die Frage nach Gott beantwortet sich durch die bisher angestellte Überlegung von selbst. Wenn Gott das ist, was wir gefunden haben, ein Hilfswort für das, was uns immer übergeordnet, immer unbekannt, immer unfaßbar ist, ja wenn Gott das Unfaßbare, Unergründliche überhaupt bedeutet, so sind die Fragen: Gibt es einen Gott? und Was ist Gott? völlig irrelevant. Für jeden Menschen beginnt das Unbekannte, Unfaßbare an einer anderen Stelle, für jeden aber existiert es. Nun aber hat das Unbekannte eine Emanationsebene, wo es in unser Bewußtsein tritt. Wäre dies nicht der Fall, so gäbe es keine Religion. Diese Ebene, wo das Bewußtsein des Unfaßbaren auftritt, ist in verschiedenen Zeiten, Völkern, Menschen, verschieden gelagert. Für das Kleinkind ist der leibliche Vater der Gott. Für den Schüler der geliebte Lehrer (sollte es sein!), für Aharon war es Mose, für die israelitischen Stämme waren es die Richter.

Wenn also das Wesen der Religion nicht die Frage nach Gott sein kann, was ist es denn? Wir sahen, an welcher Stelle die Religion auftritt. Sie tritt auf, wenn das Bewußtsein durch das Unfaßbare berührt wird. Wann ist dies der Fall? Dann, wenn die eigene Existenz ins Bewußtsein tritt. Damit treten auch zwei Rätselfragen auf, die nach dem Woher und dem Wohin. Ja, das Auftreten dieser Fragen ist der Markstein, daß das Bewußtsein von dem Unbekannten berührt wurde. Was ist nun der gemeinsame Nenner im sich fortentwickelnden Bewußtsein und den Fragen nach dem Wohin und Woher? Religiös ausgedrückt müßte man sagen, es ist die Frage nach der göttlichen Bestimmung des Menschen. Nicht die Frage nach Gott ist der Inhalt des religiösen Lebens, sondern die Frage nach der Bestimmung des Menschen im oder durch das Unbekannte. Noch genauer formuliert müßte man sagen: Religion ist der Weg, der den Menschen zur Übereinstimmung von Selbstbestimmung mit der ihm vom Unbekannten eingepflanzten Ur-Bestimmung bringen soll.

Damit hätten wir, sozusagen als Nebenprodukt — besser Nebengeschenk — einen Hinweis auf das gefunden, was wir menschliche Freiheit nennen. Wäre uns das Unbekannte bekannt, oder, mit anderen Worten, gäbe es keinen Gott, gäbe es auch keine menschliche Freiheit. Es könnte nicht von Selbstbestimmung die Rede sein. Der Mensch stünde unter dem *Zwang* seiner Ur-Bestimmung. Da es aber ein Unerforschtes gibt, das ihn frei läßt, muß und kann der Mensch sich aus seiner Selbsterfahrung stets selbst bestimmen. Wir fanden ja, daß sich die Frage nach dem Woher und Wohin seiner selbst gleichzeitig mit dem Bewußtsein des Unbekannten stellt. Das Unbekannte kann ihm aber keine Antwort geben, sonst wäre es ja bekannt; aber je stärker das Unbekannte in das Bewußtsein tritt, umso dringender wird die Antwort gefordert. Diese Antwort entwickelt sich im Verlauf der Geschichte und der Biographie des einzelnen gleichzeitig mit der Entwicklung des Bewußtseins, und daraus resultiert das Freiheitsempfinden des Menschen.

Wir halten also fest:

Religion tritt auf, wenn dem Menschen sein Sein in irgendeiner Form zum Bewußtsein kommt.

Dieses tritt gleichzeitig mit dem Bewußtsein auf, daß er von einem ihm noch Unbekannten umgeben ist.

In diesem Unbekannten empfindet er den Ursprung und die Eingebung seiner Existenz.

Dieses gewaltige Unbekannte nennt er Gott.

Gleichzeitig mit dem Bewußtsein des großen Unbekannten kommt die Frage nach seinem Woher und Wohin, also seiner Bestimmung, auf.

Das Unbekannte kann ihm darauf keine Antwort geben, also ist er zur Selbstbestimmung, das heißt, zur Selbstfindung gezwungen.

Damit ist der erste Ansatzpunkt zu seiner Freiheit gegeben.

Religion soll der ihm verständliche Weg sein, seine ihm als Mensch eingepflanzte Bestimmung selbst zu finden und zu gehen.

GLAUBE

Eine der ungelösten Fragen ist der Gegensatz zwischen Glauben und Wissen, bzw. zwischen Religion und Wissenschaft. Wollen wir uns darüber Klarheit verschaffen, müssen wir diese Begriffe von den Assoziationen reinigen, die der wechselnde Zeitgeist ihnen angehängt hat. Es führt nicht zum gewünschten Ziel, nur Worte hinzusetzen, wo es sich um einen, meist emotional geladenen Komplex handelt.

Wie steht es zum Beispiel dabei mit der so oft gestellten Frage: »*Glaubst* Du an Gott?«

Das vorige Kapitel versuchte zu klären, daß das Wort Gott für religiöse und freigeistige Kreise nichts anderes beinhalten kann als das »große Unbekannte«, aus dessen Sphäre irgendwann, irgendwo und irgendwie einmal, oder immer noch, die uns begreifbaren Tatsachen, Energien und Gesetze auftauchen. Verbinden wir diese, wohl allgemein anzuerkennende Formulierung mit obiger Frage, so würde diese lauten: »Glaubst Du, daß es uns noch unbekannte Ursachen für das uns bisher Zugängliche gibt?« Es ist anzunehmen, daß es bei keinem denkenden Menschen auf Widerstand stößt, wenn man behauptet, daß es für uns Menschen kein sicheres *Wissen* gibt als das. Damit erweist sich die obige Frage als kindlich-unreif. Stellt man sie, so fragt man dabei nicht nach Gott, sondern nach einer Vorstellung, die man sich auf Grund von Tradition, Zeitgeist, Erziehung oder sonstwas selbst gemacht hat.

Ebenso unreifes Denken bezeugt man, wenn man die zwei Gleichungen: Religion ist gleich Glaube, Wissenschaft ist gleich Wahrheit, als unüberbrückbare Gegensätze hinstellt. Untersuchte man, wieviel Glaube in der Wissenschaft und wieviel Wissenschaft im Glauben zu finden ist (siehe nächstes Kapitel), so würde man obige Gleichungen revidieren. Wäre aber Wissen und Glauben das gleiche, so gäbe es keine zwei Worte dafür. Gereinigt von individuellen Vorstellungen können wir uns ihrem wahren Inhalt aufschließen.

Schwer durchschaubare Dinge sind an einfachen Beispielen am ehesten zu klären. Benutzen wir die Gegenüberstellung zweier alltäglicher Aussagen: Beispiel 1: »N.N. ist an jedem Tag um 4 Uhr im Café.« Beispiel 2: »Ich *glaube*, daß N.N. an jedem Tag um 4 Uhr im Café ist.« Beispiel 1 steht für die wissenschaftliche Haltung. Es konstatiert eine Tatsache und will sicher und genau in seiner Aussage sein. Diese basiert auf Beobachtung und Erfahrung (evtl. Statistik). Erfahrung ist Auswertung der *Vergangenheit*. Wann wird sie zustande kommen? Wenn man eine *statische* oder eine sich gleich wiederholende Situation feststellt. Beispiel 2 legt das Gewicht der Antwort auf die nicht unbedingt festgelegte Gegenwart bzw. Zukunft, ohne die Erfahrung der Vergangenheit auszuschließen. In beiden Fällen ist die Situation die, daß die Sprecher weder im Café sind noch Herrn N.N. sehen. Von diesem Gesichtspunkt aus ist die Aussage »Ich glaube« sogar noch exakter als Aussage 1. Diese müßte exakter formuliert lauten: »Bisher war Herr N.N. an jedem Tag um 4 Uhr im Café.« Das bekräftigt, daß Beispiel 1, das für die Wissenschaft steht, nur etwas *Vergangenes* konstatieren kann und somit auch sollte. Über die Zukunft können wir nie etwas Genaues wissen, dürfen sachgemäß also hier nur das Wort Glaube verwenden.

Der scheinbare Konflikt zwischen Wissen und Glauben erweist sich so als die legitime Polarität, in der jeder Mensch steht, der Spannung zwischen Vergangenheit und Zukunft. In der Mitte haben wir die Gegenwart, die Möglichkeit der freien Entscheidung, entweder die Vergangenheit zu wiederholen oder durch moralische Phantasie an einer neuen Zukunft zu arbeiten.

Ein weiteres Beispiel möge noch zusätzliche Erkenntnisse erhellen. Beispiel 3: »Ich glaube, ich werde wissen!« Auseinandergelegt: »Ich will wissen, und ich glaube, daß ich dies auch erreiche.« Das Wissen ist hier angestrebtes Endprodukt. Um das zu erreichen bedarf es eines Arbeitsplanes und des *Glaubens* an das Sinnvolle des Tuns. Das Endprodukt Wissen (bzw. Können) wäre völlig sinnlos, wenn es nicht als Grundlage einer weiteren Zukunftsaufgabe erstrebt würde. Wissen, das nicht in Glauben (an die Zukunft) mündet, ist völlig steril, sinnentleert. Der Mensch kann dem Wissen aus seinem Glauben heraus eine neue Zukunftsdynamik geben. Wissen wird zum Baustein. Belebt der Mensch das Wissen nicht neu, so bleibt es bei sinnloser Wiederholung.

Beispiel 4: »Ich *glaube,* daß die Thora von Gott gegeben wurde.« Auf den ersten Blick scheint es sich hier um die Konstatierung eines Tatbestandes aus der Vergangenheit zu handeln. Bei näherer Prüfung liegt aber in dem »Ich glaube« das für die Zukunft Verpflichtende. Läge nicht Sinn, Plan und Zukunft in dem Glauben, so gehörte er in das Gebiet des Wissens und wäre für die Sinngebung und die Zukunft der Menschheit steril. In dem »Ich glaube« liegt das ganze Gewicht der Verpflichtung, die die Offenbarung für die Zukunft hat.

Wir können in Stichworten gegenüberstellen:

Glaube	*Wissen*
Zukunft	Vergangenheit
sinngebend, planvoll	statisch, nur reproduktiv
dynamisch	Endprodukt
belebend	Baustein

Wichtig ist zu beachten, daß in der Wirklichkeit des Lebens weder Wissen noch Glaube in Reinform in Erscheinung tritt. Beides mischt sich beständig, ohne dabei seine Eigengesetzlichkeit aufzugeben. Im menschlichen Geist treffen und mischen sich beide. Aus der *Domäne* der Wissenschaft und der des Glaubens läßt sich dies unschwer nachweisen. Im Gebiet der Wissenschaft ist das leicht zu zeigen. Ja, der Antrieb zur Wissenschaft stammt aus dem »Gebiet« des Glaubens, dem Glauben, ein System des Denkens und Forschens gefunden zu haben, das uns den Weg ins noch Unbekannte, d. h., in das Gebiet, welches bis dato als Gebiet des Göttlichen galt, aufschließt. Die dynamischen Kräfte, die der wissenschaftlichen Begeisterung, Ausdauer, Liebe zum Objekt, Kraft zur Objektivität, sind Kräfte, die aus dem Glauben stammen. Am deutlichsten kommt der Glaube, der in der Wissenschaft steckt, in der Bildung von Hypothesen zum Ausdruck, die dem Aufbau jedes wissenschaftlichen Experiments vorausgehen. Sie wollen den Plan, der hinter den Erscheinungen steckt, visionär erahnen.

Daß sich die Wissenschaft auch der Religion bemächtigt hat, weiß jeder, der mit der vergleichenden Religionswissenschaft in Berührung kam, und weiß, wie Religionswissenschaft auf den Universitäten unterrichtet wird. Aber das ist nur ein Ausdruck unseres materialistischen Zeitalters. Viel bedeutsamer und wirksamer kommt der *Geist* des Wissens in der Schaffung religiöser Dogmen zum Ausdruck. Ob Dogmen für das Glaubensleben notwendig sind oder nicht, soll hier nicht ausgemacht werden. Dogmen wollen unumstößliche Endprodukte für das dynamische Streben setzen, an der sich die Zukunft, wie an einer unumstößlichen wissenschaftlichen Tatsache, zu orientieren hat. Sie werden von Autoritäten gesetzt, an deren Unfehlbarkeit nicht gezweifelt werden darf. Wir haben damit also reine Wissenschaftsgesinnung.

Zusammenfassend könnte man vielleicht sagen: Glaube und Wissen sind verschiedene Kompetenzen des menschlichen Geistes, der sich legitim in verschiedener Art dem Wirklichkeitsgebiet forschend zuwendet.

RELIGION

»Ohne Glauben keine Religion!« Aus diesem berechtigten Satz kann man noch nicht folgern, Glaube und Religion seien das gleiche. Einen gläubigen Menschen kann man wohl als religiös bezeichnen, aber er ist dadurch noch nicht ein Religions-Mensch. Wir sehen, wie wir auch für dieses Gebiet exakter Denkbegriffe bedürfen.

Jede Religion stützt sich auf Persönlichkeiten mit besonderen Begabungen, die in sich den Aufruf empfanden, durch neue Offenbarungen aus der Region des Ewigen der Menschheit neue geistige Impulse zu geben. Dadurch kommt in die sich darauf aufbauenden Religionen ein anthropologischer, regionaler Faktor und gleichzeitig ein menschheitlicher. Aber nicht nur die demographische Komponente ist es, die Religion in Religionen variiert, sondern auch der Zeitgeist. Es ist wichtig sich klarzumachen, wie anders z. B. im Mittelalter das Verhältnis der Menschen zur Religion und deren Würdenträger war als z. B. heute zur selben Religion. Dieselben kultischen Handlungen und Gebete wirkten damals auf ganz andere Schichten des menschlichen Gemütes als heute. Denken wir nur an die Zeit der chassidischen Blüte.

Ein Vergleich mit der Kunst ist hier hilfreich. Der Zeitgeist wirkt auf die Kunst-*Form*, d. h. stilverändernd.

Dieselben seelischen Inhalte, z. B. die Mutterliebe, wird in verschiedenen Zeiten andere Stilformen finden. In der Religion dagegen bleiben Kultformen über lange Zeiten, ja oft Jahrtausende, so ziemlich konstant, während das dadurch hervorgerufene Empfinden im Zeitenlauf sich sehr wesentlich ändert.

Die Wissenschaft scheint beiden Gebieten gegenüber überlegen zu sein. Ihre Ergebnisse wollen Wahrheiten konstatieren, die unverändert durch Zeit und Raum Geltung besitzen. Ist man ein ehrlicher Beobachter, so gilt dies nur, und auch bedingt, für die Ergebnisse der reinen Naturwissenschaft und Mathematik. Am variabelsten, nach Richtung und System aufgespalten, ist die Psychologie und die Soziologie. Bei diesen und auch bei anderen Disziplinen erkennen wir, wie stark sie noch mit dem Glauben, moderner ausgedrückt, den Ideologien, verbunden sind.

Die Spaltung des menschlichen Gemütes geht heute, oft unbemerkt, durch jeden Menschen. Ein Teil seines Wesens ist noch geprägt von religiösen Traditionen, während ein anderer Teil schon im rein wissenschaftlichen Denken verankert ist. Das muß man wissen, um zu einer richtigen Beurteilung seiner selbst und des Zeitgeistes zu kommen.

Wenn wir also von Religion sprechen, so haben wir es auch hier mit einem komplexen Begriff zu tun. Das fordert von uns, die einzelnen in ihm enthaltenen Komponenten gesondert ins Bewußtsein zu heben.

Der Mensch tendiert seinem Wesen gemäß in zwei entgegengesetzte Richtungen. Er hat ein Innenleben und ein Außenleben. Je nach der seelischen Veranlagung ist bei dem einen mehr das Extroverse, beim anderen das Introverse betonter. Dementsprechend ist auch sein religiöses Empfinden. Er erlebt das »große Unbekannte« in

seinem tiefsten Inneren und in seiner kosmischen Ausrichtung. Zwischen beiden Richtungen ist der Gleich-
gewichtspunkt das Gebet. In der Religion zeigen sich
diese beiden Richtungen in dem Ich-Du-Verhältnis der
Seele zu Gott einerseits und in der Beteiligung des Gläubigen am Gottesdienst und den formellen Forderungen
der Religion andererseits.

In der folgenden schematischen Aufstellung („die natürlich nur eine Stilisierung der lebendigen Wirklichkeit
ist,) seien einige polar divergierende Verhaltensweisen
gegenübergestellt. Die introverse Gemütsstimmung be-
günstigt mehr die Religiosität, die extroverse mehr die
Zuneigung zur konstituierten Religion.

Religiöser Individualist	*Orthodoxie*
Seele nach innen gerichtet	Seele nach außen gerichtet
Versenkung in sich	Gemeinsamkeit
Gewißheit von Gott	Glaube an den Weg zu Gott durch Kultus und Befolgung der Gebote
Zeit — raumlos	Rhythmische Wiederholung
Spontanität	Pflicht
Ich-Du-Verhältnis zu Gott	Wir-Verhältnis zu Gott
Individualismus	Traditionsgebunden
Individueller Trost	Fürbitte
Aus momentaner Erhebung stammende Formulierungen	Vorgeschriebene, gemeinsame Gebete, dem kosmischen Zeitrhythmus angepaßt
Meditation	Kultische Magie
Selbsterziehung	Erziehungshilfe gesucht
Individuelles Schicksal erleben	Volksschicksal
Stärkung des Ich	Schaffung der Gemeinschaft

Die Frage scheint berechtigt, ob man das, was man als Richtung nach innen bezeichnet, Religion nennen kann, und andererseits, ob das Nach-außen-Gerichtetsein das Wesen der Religion ist. Wenn ich einen Menschen als religiös bezeichne, will ich damit seinen Gottesglauben, sein Ich-Du-Verhältnis zu dem »großen Unbekannten« charakterisieren, oder seine (natürlich nicht nur formelle) Beteiligung am allgemeinen Gottesdienst und seine Befolgung der Gebote? Gerade an dieser Frage scheiden sich die Geister und machen sich sogar gegenseitig Vorwürfe. Der orthodoxe Jude z. B. wird den, der sich aus eigener Anstrengung bemüht, sozial-moralisch gut zu leben und sich in der Einsamkeit durch Meditation um eine Verbindung mit dem »großen Unbekannten« bemüht, nicht als religiös *(Dati)* bezeichnen. Andererseits ist dem religiösen Individualisten die tätige Anteilnahme am Kultus und die strenge Befolgung der Gesetze keinerlei Gewähr für ein religiöses Gemüt. Was also ist der Maßstab für Wahrheit und Unwahrheit eines wirklich religiösen Lebens? Mir scheint, es ist das Betenkönnen. Wer nicht wirklich beten *kann*, ist weder in dem einen noch in dem anderen Sinn religiös. Der religiöse Individualist formt die Worte seines Gebetes spontan, oder er sucht sie sich nach freier Wahl. Der Orthodoxe erfüllt die ihm vorgeschriebenen Formeln mit individuellen Gedanken und Gefühlen. Durch das Betenkönnen werden beide religiös. Aber beide gehören dadurch noch nicht einer bestimmten Religion an. Das kann höchstens der Letztgenannte von sich sagen. Einer Religion gehört eben nur der an, der auch die Forderung der Religionsgemeinschaft, der er angehört, erfüllt. Der dies nicht zu tun gewillt ist, aber doch wahrhaftig betet, gehört der weltumspannenden, undifferenzierten Religionsgemeinschaft an. Was wir also zunächst, da es beiden religiösen Polen gemeinsam ist, zu untersuchen haben, ist, was eigentlich der Inhalt des Betens ist.

BETEN

Das Gebet richtet sich zu Gott, das heißt zu dem »allumfassenden Geist«. Es geht von der Voraussetzung aus, daß wir selber, jeder einzelne als auch das Menschengeschlecht, aus diesem von uns nur Erahntem, einmal aufgetaucht und weiter noch mit ihm verbunden sind. Es ist anzunehmen, daß der Ursprung des Gebetes dort liegt, wo das erste, zarteste Bewußtsein davon auftritt. Dieses Eintauchen in die Sphäre des Bewußtseins und später ins Selbstbewußtsein, empfindet die Seele als eine Abtrennung, als ein Verlassensein oder auch Entlassensein. Das Beten soll die schmerzhaft empfundene Trennung ertragen helfen oder ist ein Versuch, die durch das Selbstbewußtsein aufgerissene Kluft zu überbrücken.

Dem Beten liegt noch eine andere Voraussetzung zugrunde. Es ist das Vertrauen, daß im Willen Gottes ein vernünftiger Plan steht. Schauen wir uns eine Uhr an, so wissen wir, daß die vielen kleinen Rädchen und Teilchen nicht durch Zufall, d. h. planlos, sich zusammenfanden. Es ist der planende, vorausschauende Wille, der die Uhr zu schaffen fähig war. Man stelle sich nun vor, eine solche Uhr erleide Schaden oder hätte den Sinn, warum sie geschaffen wurde, vergessen. Sie wäre also mit einer Vernunft begabt, die allerdings nicht über die Grenzen ihres Gehäuses hinausginge. Aus der Empfindung der vernünftigen Planung, die in ihr waltet, würde sie zu Recht empfinden, daß ihrem Sein ein noch vor ihrer Erscheinung liegender vernünftiger Plan und Sinn zugrunde lag. Der Schaden, den sie erlitt, kann also nur ein Abweichen von diesem Plan darstellen. Könnte sie beten, so würde sie den Schöpfer des Planes (oder dessen Vertreter, den Uhrmacher,) anflehen, den Schaden dadurch zu beheben, daß alle ihre Teile wieder nach dem ursprünglichen Plan geordnet würden. Das ist es auch, was dem Gemüt des betenden Menschen zugrunde liegt. Er fühlt sich herausgefallen aus dem von ihm erahnten großen göttlichen Plan, den er selber noch nicht zu durchschauen fähig ist. Der ganze Plan des Allmächtigen ist in ihm angelegt, sonst wäre er ja kein Mensch. In ihm ist angelegt: Weisheit, Verständnis, Gnade, Stärke, Schönheit, usw., also alle zehn Sefiroth des Lebensbaumes. Diese Kräfte, die dem großen Plan »Mensch« zugrunde liegen, sind bei uns in Unordnung geraten. Man hat dafür den Ausdruck »Sonderung«, d. h. »Sünde«, geprägt. Diese Unordnung empfinden wir, wenn wir mit unserem Schicksal nicht mehr zurechtkommen. Aus solchem Bewußtsein heraus strömt unser Gebet. Jedem Gebet liegt das Bitten um Heilung zugrunde, jeder Lobpreisung die Ehrfurcht vor der Weisheit des planenden Willens.

All das kann man durch den Blick ins eigene Innere erleben. Man kann es aber auch erleben an dem Organismus, der einen umgibt und einem übergeordnet ist. Ein solcher übergeordneter Organismus ist für den Juden »Israel«, das auserwählte Volk. Damit erhebt sich das Gebet aus dem Gebiet der reinen Innerlichkeit in das Gebiet des Sozialen, und zum Gebet fügt sich die Moral hinzu und die Teilnahme am Gottesdienst, d. h. der gemeinsamen Bitte um Heilung.

Beten hat aber noch einen anderen Aspekt. Um diesen genauer zu beschreiben, muß man sich erst klar sein, daß es verschiedene Ebenen von Gesetzmäßigkeit gibt.

Ein Beispiel:

Ebene 1: Schenke ich einem Menschen zehn Mark, so ist er um diesen Betrag reicher und ich ärmer.

Ebene 2: Schenke ich ihm von meinem Wissen, so ist er bereichert, aber ich bin *nicht* ärmer.

Ebene 3: Schenke ich ihm Liebe, so ist er reicher, aber auch ich bin dadurch bereichert, insbesondere wenn er die Liebe annimmt.

Unser tägliches Leben spielt sich auf der ersten Ebene ab. Es ist die Ebene des Kampfes ums Dasein, der Kritik, des Argwohns, kurz des naiven Egoismus. Darüber hinaus gibt es aber noch Ebenen, die einer anderen Art, einer höheren Art von Gesetzmäßigkeit zugeordnet sind. Auch diese haben Anteil an dem Sein des Menschen. Beten heißt unter diesem Aspekt: Sich herausreißen aus der Ebene des Alltags und sich mit den Ebenen höherer Gesetzmäßigkeit verbinden. Dadurch betätigen wir Kräfte und stärken sie, die vorzüglich zu unserem vollen Menschsein gehören.

Das Beten strömt auf der einen Seite, wie schon gesagt, ganz aus dem individuellen Innenleben, auf der anderen Seite ganz aus der sozialen Verbundenheit. Ersteres ist nur wenig oder gar nicht an eine Religionsgemeinschaft gebunden. Der Schrei einer Mutter zu Gott um Rettung ihres gefährdeten Kindes ist über die ganze Welt verteilt so ziemlich gleich und hat mit der Religionsgemeinschaft wenig zu tun. Anders ist es mit der Sittlichkeit, mit den moralischen Vorstellungen. Diesen wenden wir uns nun zu.

ETHISCHES WACHSTUM

Die Religion gehört der sozialen Ebene an, sie hat eine soziale Aufgabe. Nehmen wir als Vergleich eine

Baumschule: Nachdem der Same ins Erdreich versenkt ist, setzt eine sehr sorgfältige Pflege ein. Die Gärtner sind diejenigen, die durch besondere Ausbildung Einblick in die Gesetzmäßigkeit des Wachstums haben. Zumindest haben sie reiche Erfahrung, wie sich gesunde Pflanzen entwickeln. So können sie die besten Bedingungen für deren günstige Entwicklung schaffen. Ihr Wissen können sie auch an gutgewillte Schüler weitergeben.

Sind die Pflänzchen bis zu einer gewissen Größe herangewachsen und ihr Zusammenstehen zu eng, werden sie an anderer Stelle in größeren Abständen pikiert. Die hier anfangs besonders sorgfältige Pflege kann nach und nach etwas verringert werden. Nach einer weiteren Periode kann das junge Bäumchen an seinem endgültigen Platz eingepflanzt werden. Diese Umpflanzung muß besonders vorsichtig vorgenommen werden und der junge Baum noch eine ganze Weile sehr gepflegt und behütet werden. Nach und nach wird nun der Baum in sich so stark, daß er sich selber gegen die Unbilden des Klimas schützen kann. Nur in besonderen Krisenzeiten bedarf er noch der regulierenden Hand des Gärtners. Auch das kann er, wenn er groß und kräftig genug ist, nach und nach völlig entbehren, ohne Schaden zu nehmen. Sowohl das kleine Pflänzchen als auch der große Baum wurzeln in derselben Erde und sind umspült vom selben Sonnenlicht. Das Unfaßbare des Wachstums ist für alle gleich.

Aufgabe der Religion ist es, mit Hilfe ihrer »Gärtner« den heranwachsenden Menschenseelen die ihrer Art gemäßen günstigsten Wachstumsbedingungen zu geben und sie dann aber auch im rechten Moment in die Selbständigkeit zu entlassen.

Es ist klar, daß für den Menschen andere Gesetze

gelten als für das Pflanzenreich. Er wird von einem bestimmten Zeitpunkt an reif zur Selbsterziehung, zur Selbstbestimmung und zur Mitverantwortlichkeit. Dann ist er auch fähig, selbst zu bestimmen, wodurch und durch wen er glaubt, sich am besten weiterbilden zu können. Eines muß ihm aber bis dahin klar geworden sein: daß er seine Wurzeln im gemeinsamen Erdreich verankert hat und daß ihm von oben das uns allen gemeinsam gespendete Sonnenlicht erleuchtet. Ohne diese beiden Faktoren würde er zugrunde gehen. Unsere Wurzeln im gemeinsamen Erdreich sind Moral, und zum Licht und zur Wärme, die uns der Kosmos spendet, streben wir durch Erkenntnis. Ob jemand den sicheren Boden der Moral und die Klarheit der Erkenntnis ohne die ihm durch das Schicksal zugeordnete Religion finden kann, muß jeder bewußt gewordene Mensch durch ehrliche Selbsterkenntnis selbst bestimmen.

Aus obigen Betrachtungen wird es wohl verständlich sein, daß hier vom Erwachsenen, selbständigen Menschen die Rede war. Wie aber steht es mit dem Kind und dem Jugendlichen? Diese sind ja noch auf Pflege und Hilfe bis zu ihrer Reife angewiesen. Auch auf dem Gebiet des gesellschaftlich-sozialen Lebens sind wir noch in einem recht jugendlichen Zustand. Wir können da unsere Situation mit der Pubertät vergleichen. Wir sind da in einem völligen Chaos alter zerbrochener Werte und noch nicht gefundener neuer. Unsere Zivilisation ist noch ganz auf der Gesetzlichkeit des Kampfes ums Dasein aufgebaut. Diese erweist sich als ungeeignet zur Begründung der Moral. Ja, sie verdunkelt auch die Kraft des Menschen, sich als geistig-seelisches Wesen zu erkennen. Es ist verständlich, daß in dieser Situation der Ruf nach Religion neu erwacht, insbesondere auch auf dem Gebiet der Erziehung und dem der Gestaltung des häuslichen Lebens. Um näher in diesen Problemkreis einzudringen, müssen wir uns fragen, was die wirksamen erzieherischen Mittel der Religionen sind.

DIDAKTISCHE MITTEL DER RELIGION

Eines der wichtigsten didaktischen Mittel der Religion ist der Rhythmus, d. h. die Wiederholung in immer gleichen Abständen. In der jüdischen z. B. die Gebetszeiten, dann alle sieben Tage die Heiligung des Sabbath, die jährlich sich wiederholenden Festzeiten, dieselben Kulte bei der Beschneidung, Hochzeit, Beerdigung. All das hat eine gewaltige pädagogische Wirkung, denn Rhythmus ist eine der grundlegenden Gesetzlichkeiten der Ebene, die über der des Kampfes ums Dasein liegt. Nicht so sehr der intellektuelle Inhalt der Gebete wirkt, sondern die Magie der Wiederholung. Rhythmus und Wiederholung weisen uns auf Gott und seine Schöpfung. Der Mensch, und auch das Kind, fühlt sich durch den immer wiederholten Kult mit dem Rhythmus des Ewigen verbunden. Daß diese Wiederholung eine besonders heilende Wirkung auf Kinder hat, ist jedem einsichtigen Pädagogen bekannt. Tief ins Gemüt wird das, was Inhalt der Wiederholung ist, aufgesaugt und im Unterbewußten gespeichert. Darum ist es von außerordentlicher Bedeutung, ob der Inhalt aus der Gegenstandswelt oder aus der höheren Seinswelt entnommen ist.

Das zweite didaktische Mittel der Religion ist die Kunst; im Judentum insbesondere Poesie und Musik. Die schöpferischen Kräfte des Menschen, die sich besonders in der Kunst zeigen, kommen ihm ja auch aus einer ihm unbekannten höheren Sphäre, sind »kleine Offenbarungen«. Wahre Kunst ist Ausdruck einer höheren Gesetzlichkeit.

Ein weiterer, besonders wichtiger Faktor der Religion ist die anonyme Autorität. Dieser Autorität sind alle gleichermaßen unterstellt, der hohe Priester wie der einfachste Mann, der erziehende Vater wie das gehorchende Kind. Hier liegt das Geheimnis der Ehrfurcht des Kindes vor den Eltern (und deren Versagen in der heutigen Familie). Das wahre Autorität Verleihende liegt in dem »großen Unbekannten«. So verbindet das Sich-unterordnen unter diese hohe anonyme Autorität den Menschen mit dem Ewigen und verbindet alle als Ihm gegenüber Gleichgestellte. Ein Kind, das diese Devotion seines Lehrers spürt, wird diesen auch achtungsvoll anerkennen.

Den Naturgesetzen ist der Mensch willenlos unterworfen. Zur Befolgung der religiösen Gesetze gehört ein freier Entschluß. Wiederum ist der intellektuelle Inhalt der Gesetze nicht das Wesentliche, sondern die magische Wirkung und das Vertrauen, daß sie aus der Sphäre höherer Gesetzlichkeit stammen.

Eine besondere Wirkung hat das, was wir als die Heiligung des Alltags durch die Religion bezeichnen. Dies wird im Judentum insbesondere durch die *Kaschruth*, die *Brachoth*, durch *Mesusoth* und *Zizoth* erreicht. Dadurch wird verhütet, daß der Alltag zu einem reinen Existenzkampf herabsinkt, nur von reiner Nützlichkeit erfüllt. Man wird ständig hingewiesen auf die einem übergeordnete Sphäre geistig-seelischer Gesetzlichkeit.

Das, was man als die »starren Formen« der Religion bezeichnet, das immerwährend Gleiche im Wortlaut der vorgeschriebenen Gebete — man kann fast sagen, die Uniformität des religiösen Lebens —, hat auch eine starke didaktische Wirkung. Sie gibt dem Menschen ein gewisses Heimaterlebnis, und das in einer Sphäre, die über der des Alltags liegt. So fühlt sich der orthodoxe

Jude sehr schnell zu Hause, selbst weit von der physischen Heimat entfernt, dort, wo er das gleiche religiöse Leben findet. Wie das tagtägliche gewohnte Leben im heimatlichen Dorf, mit seinen bekannten Straßen, Menschen, Häusern, Bergen und Wäldern dem Menschen ein irdisches Heimatgefühl gibt, so gibt der gewohnte, wiederholte Wortlaut der Gebete und des immer gleichen Kultus ein Heimatgefühl auf der darüber gelegenen Ebene des Seelisch-Geistigen. Selbst fremde Menschen mit gleichgerichteten religiösen Gebräuchen empfindet man dadurch beinahe als Verwandte, jedenfalls aus der gleichen seelisch-geistigen Heimat stammend. Eine solche Gemeinschaft ist keine Zweck-Gesellschaft, die man sich horizontal ausgebreitet vorstellen könnte. Die Religionsgemeinschaft verbindet den Menschen von oben nach unten.

Die Religion ist der Vermittler, im Innerseelischen wie im Sozial-Moralischen, zwischen der irdischen, der materiellen Ebene und den darüber gelegenen seelisch-geistigen Schichten bis hinauf zum »großen Unbekannten«. Sie baut eine Himmelsleiter zwischen Oben und Unten. Wir haben einige didaktische Mittel der etablierten Religion aufgezählt, ohne dabei Vollständigkeit anzustreben. Wir haben es getan, damit man sich klar wird, was man aufgibt, wenn man die Religion aufgibt. Ob man auf diese große Hilfe verzichten kann, muß jeder Mensch selbst entscheiden. Tut er es, so muß er wissen, was er damit tut. Man muß sich immer wieder fragen, ob man die Kraft hat, das Verlorene durch Neues, Gleichwertiges zu ersetzen. Die Religion, wie sie uns heute geboten wird, ist eine ausgereifte Frucht.

Vielleicht aber gibt es im geistig-seelischen Bereich einzelner oder neuer Gemeinschaften neue Keimlinge, die erst in Zukunft solche reifen Früchte tragen werden, wie wir sie heute am Baum der traditionellen Religionen sehen. Diese Ahnung wird in dem auftauchen, den die Früchte dieser Religionen nicht mehr genügend ernähren, oder dem sie durch Überreife nicht mehr genießbar sind.

DIE GEFAHREN DER RELIGION

Daß die Religion als solche in Gefahr ist, weiß heute jeder. Die Statistiken sprechen eine deutliche Sprache. Die Säkularisierung ist offensichtlich. Wir dürfen uns nicht irreführen lassen von vorübergehendem Wiederaufleben religiöser Bedürfnisse in Krisenzeiten oder besonderen politischen Konstellationen.

Man spreche mit einem aufrichtigen Christen. Man verweise auf das Unmoralische, das im Laufe der Jahrhunderte im Namen der Religion geschehen ist. Daß trotz fast 2000jähriger christlicher Erziehung Europas, mit allen materiellen, machtmäßigen und politischen Möglichkeiten und dem Einsatz der besten Geister und Künstler Europas, es doch zu dem Menschenmorden der zwei Weltkriege und den Furchtbarkeiten der Nazi-Zeit kam. Daß die Abwärtsbewegung auch heute noch nicht gestoppt ist. Daß selbst im Namen der Religion während der Religionskriege, Kreuzzüge, Inquisition und Judenverfolgungen die unchristlichsten Dinge geschahen, all das sage man einem aufrichtigen Christen. Welche Antwort hat man zu erwarten? Er sagt (wohl mit Recht), daß die Menschen und Gruppen, die so Schlimmes vollbrachten, eben keine »echten« Christen waren. Das heißt aber, daß die Pädagogik der Religion trotz all der im vorigen Kapitel angeführten didaktischen Hilfsmittel versagte. Daß es ihr nicht gelang, die Menschen grundlegend zu veredeln. Da die Juden in Ghettos abgeschlossen und so von Politik und Machtstreben weitgehend ausgeschlossen waren, lagen die diesbezüglichen Verhältnisse für die jüdische Religion günstiger. Kaum aber öffneten sich die Ghettomauern, erfaßte der Zeitgeist der Aufklärung auch die jüdischen Kreise und zog sie mit gesteigerter Geschwindigkeit in die Säkularisierung. Ja gerade die idealistischen Menschen, die noch ihre Jugend im *Cheder* verbracht hatten, wurden Bannerträger des materialistischen Sozialismus. Das Studium der *Thora*, der Rhythmus des täglichen religiösen Lebens, erwies sich diesem Einfluß gegenüber nicht als stark genug, um der antireligiösen Verführung zu widerstehen. Nicht zu sprechen von dem damit auch einsetzenden moralischen Verfall.

Daß die Religion unserer Zeit nicht die Kraft besitzt, dem säkularisierenden Zeitgeist zu widerstehen, ist möglicherweise nicht unbedingt das Charakteristikum der Religion als solcher.

Die Gefährdung der Religion durch den Zeitgeist berührt aber noch nicht die Frage, ob innerhalb der Religion selbst Gefahren sind. Wir erkennen solche Gefahren aus der Erfahrung. Eine dieser Gefahren ist, daß die Religion oft Menschen zu Fanatikern macht oder auch zu schwärmerischen Phantasten. Eine weitere Gefahr ist, daß durch sie Menschen und Institutionen oft in Intoleranz versinken. Am stärksten bekommen das diejenigen zu spüren, die sich, aus welchen Gründen auch immer, einer anderen Religion zuwenden. Eine weniger bemerkte Gefahr, aber nicht weniger tragisch, ist, daß der Mensch in eine gewisse Dualität zerfällt. Daß er z. B. mit seinem Gemüt eintaucht in die religiöse Sphäre, während er im sozialen Handeln und seinem praktischen Lebensstil ganz von der materialistischen Naturwissenschaft geprägt ist. Für das Schulkind ergibt sich daraus

z. B. die bewußt oder unterbewußt gestellte Frage: Wie verhält sich die biblische Schöpfungsgeschichte zu dem, was es im Unterricht über die Entstehung und Entwicklung der Welt lernt? Diese Zerrissenheit — für die meisten Menschen ein nicht überbrückbarer Gegensatz — verunsichert unsere ganze gegenwärtige Zivilisation. Diese meist unbewußt wirkende Schizophrenie ist der latente Krankheitskeim in allen Gebieten unseres seelischen und kulturell-zivilisatorischen Lebens. Dies zu erkennen ist die Voraussetzung, Wege der Heilung zu suchen.

Die Dogmen der Religion bilden ebenfalls eine große Gefahrenzone. Wir lassen die Frage einmal offen, ob Religion ohne Dogmen überhaupt möglich ist. Daß aber eine große Gefahr für den Menschen und die Lebendigkeit der Religion selber besteht, wenn die Dogmen überhandnehmen, empfindet jeder. Die Gefahr besteht darin, daß das Wesen der Religion, das eine in die Zukunft weisende Dynamik haben soll, in einen statischen Stillstand gerät. Das Judentum ist durch seine jahrhundertelange Abschließung in Ghettos von dieser Gefahr ganz besonders bedroht. Die Öffnung zur Welt, insbesondere durch die Staatswerdung, stellt da für die Zukunft große Anforderungen. Werden gar diese Dogmen in das Gebiet der Politik, d. h. in den Kampf um die Macht gezogen, so verliert die Religion überhaupt ihren religiösen Charakter. Die Dogmen werden dann zu einem Hebel für Diktatur, die sich gegen das Edelste im Menschen, gegen seine Freiheit wendet und ihn zum ängstlichen Konformisten machen will. Das ist eine absolut anti-messianistische Tendenz und damit besonders fatal für die beiden messianistischen Religionen, das Judentum und das Christentum.

Hiermit ist die Liste der Gefahren, die mit der Religion verbunden sind, nicht abgeschlossen. In jeder Religion liegen außerdem noch spezielle Gefahrenmomente. Die Gefahren zu kennen und zu formulieren, hilft einem, sie zu meiden oder zu überwinden. Ihr Vorhandensein spricht nicht gegen die Religionen an sich. Selbst Leben existiert nicht ohne Gefahr.

WAS ERWARTET DER MODERNE MENSCH VON DER RELIGION?

Die Aufgabe der Religion ist es, zu dienen und zu heilen. Damit hat sie eine prophylaktische und eine therapeutische Aufgabe. Die prophylaktische besteht darin, die höheren Schichten des Menschen zu stärken. Die therapeutische, die Wunden zu heilen, die durch ein Herabsinken in die unteren Schichten dem Menschen geschlagen wurden.

Wir können die Aufgabe der Religion auch noch nach einer anderen Seite hin beschreiben. Sie soll dem Menschen die Kraft geben, seinen Weg in die Zukunft zu gehen. Das heißt, nicht zurückzuschauen wie Lots Weib, nicht ratlos stehenzubleiben, sondern seine innere Aufgabe als Mensch zu erkennen und kraftvoll anzustreben. Aufgabe der Religion wäre es, sowohl auf das Innenleben des Menschen, als auch auf das nach außen gerichtete soziale Leben heilend einzuwirken. Will die Religion diese Aufgabe erfüllen, so muß sie den Menschen so nehmen, wie er zur Zeit ist, und ihm Ziele setzen, die er von seinem derzeitigen Ausgangspunkt erfassen kann. Ausgangspunkt ist die Gespaltenheit. Will die Religion die Menschen in eine gute Zukunft führen, so muß sie dem Zeitbedürfnis nach exaktem Denken Rechnung tragen. Eine nur das Gemüt oder eine gemüthafte Vernunft ansprechende Religion vertieft noch den Abgrund zwischen Wissenschaft und Religion. Was der Mensch heute braucht, ist eine Wissenschaft der höheren Ebenen. Um vom Diener zum Mitarbeiter Gottes aufzusteigen, muß der Mensch damit beginnen, Gottes Bauplan zu erkennen (siehe Friedrich Weinreb, »Der göttliche Bauplan der Welt«, Origo Verlag Bern). Nur eine Religion, die auf einer exakten Wissenschaft der höheren Schichten des Daseins aufbaut, wäre fähig, die seelische Zerrissenheit der heutigen Menschen und der Zivilisation konstruktiv zu überwinden und damit heilend zu wirken.

Mit dem Glauben begann für den Menschen auch die Frage nach seinem Woher und Wohin. Diese Frage wurde in alten Zeiten noch nicht persönlich gestellt. Der heute überall auftretende Egoismus zeigt uns, daß der Mensch sich nunmehr ganz auf seine Persönlichkeit gestellt sieht. Somit wird er legitim von einer modernen Religion verlangen, daß sie ihm die Frage nach seinem Woher und Wohin so beantwortet, daß er diese Antwort auf seine individuelle, bewußte Existenz beziehen kann. Mit anderen Worten, daß ihm die Religion eine seinem Verstand einleuchtende Antwort über seine bewußt zu erlebende, nachtodliche Existenz geben kann. Ohne ein sicheres Wissen über seine bewußte nachtodliche Existenz wird dem heutigen Individualisten alles Reden über Moral zur Phrase. Aber auch die auf den ganzen Kosmos hinzielende Frage nach dem Woher und Wohin, also nach dem Sinn der Schöpfung überhaupt, soll und darf ihn nicht weiterhin in dem Konflikt zu den Antworten der Wissenschaft lassen.

Ein Stein des Anstoßes für den modernen Menschen sind die von der Religion berichteten Wunder. Es wurde viel Scharfsinn darauf verwendet, diese naturwissenschaftlich zu erklären oder psychologisch zu analysieren. Damit aber ging der religiöse Gehalt verloren. Es entgeht dem modernen Menschen auch nicht, wie fadenscheinig und konstruiert solche naturwissenschaftlichen und psychologischen Auslegungen sind. Außerdem sind sie nicht aus der religiösen Sphäre, der zweiten oder dritten Ebene, wie wir sie beschrieben, geholt, sondern aus einer Geistesrichtung, die für jede Wirkung eine materielle Ursache sucht, also aus der untersten Ebene. Der moderne Mensch empfindet, daß er das Recht hat, diese Wunder so erklärt zu bekommen, daß durch sie zwar die Gesetzlichkeit der Welt nicht durchbrochen wird, aber daß sie ihm ein Verständnis geben für eine Gesetzlichkeit, die oberhalb von der liegt, die die Naturwissenschaft heute erforschen will.

Im Menschen gibt es noch unentwickelte, latente Erkenntnisorgane. Diese zu aktivieren und zu fördern, wäre ebenfalls eine wichtige Aufgabe der heutigen Religion. Werden sie nicht entwickelt, so fehlen dem Menschen der Zukunft Organe, deren er dringend bedarf, um seine irdische Aufgabe als Mensch zu erfüllen. Wird diese Schulung aber nicht von den Kreisen gefördert und überwacht, die dem Göttlichen verpflichtet sind, so werden sie sich in magische Kräfte zum Unglück der Menschheit verwandeln.

MORAL UND BETEN

Bedenken wir, daß trotz eines festen religiösen Rahmens das moralische Leben in Verfall geraten kann, so kommt uns die Frage, ob Religion die Voraussetzung für Moral ist; ob durch Religion a priori die moralischen Kräfte des Menschen zur Entfaltung kommen. Wir haben schon früher darauf hingewiesen, daß die Erfahrungen der Geschichte diese Frage nicht bejahen. Sie ist uns deshalb so wichtig, weil heute viele Menschen glauben, daß durch ein Zurück zur Religion auch ein Aufschwung der Moral zu erwarten ist. Jetzt aber steigen uns Zweifel auf. Wir suchen nach anderen Wurzeln der Moral. Ist die Situation nicht vielleicht umgekehrt, ist vielleicht Moral die Wurzel der Religion? Wird nicht gerade dadurch die Religion zur »echten« Religion, daß wir sie mit Moral erfüllen? Und ist es nicht gerade das moralische Bewußtsein, das nach Religion verlangt? Demnach wäre die Moral das Primäre. Wo aber liegen ihre Wurzeln?

Es scheint, daß Moral ein Bedürfnis des Menschen ist, das er, als zu seinem Wesen gehörig, mit ins Dasein bringt, während Religion das Gebiet ist, worin sich dieses Urbedürfnis verankern kann. Religion scheint eine gute Pflegestätte zu sein oder sein zu können, wo sich dieses Urbedürfnis beheimaten kann.

Ähnlich scheint es auch mit dem Beten zu sein. Wir können beobachten, daß Kinder nichtreligiöser Eltern, ohne daß sie ein Vorbild dafür bekommen, spontan beten. Auch Atheisten beten in Notsituationen oft spontan. Moral und Beten scheinen integrale Eigenschaften des Menschseins zu sein. Sie tauchen zu verschiedenen Zeiten, bei verschiedenen Persönlichkeiten, in verschiedenen Bewußtseinsformen aus dem Meer des Unbekannten auf. Wenn wir sahen, daß die Moral und das Beten*können* die Religion erst zu dem gewünschten Leben erwecken, wird die Frage vordringlich, wie wir diese Ureigenschaften pflegen können, damit sie nicht verderben. Das soll uns im nächsten Kapitel beschäftigen.

MORAL

Wir wollen anhand eines einfachen Beispiels dem Wesen der Moral näherkommen: Ein Mensch findet auf der

Straße eine mit Geld und Ausweisen gefüllte Brieftasche. Wie kann er sich verhalten?

Handlung 1: Er steckt sie mechanisch ein, ohne weitere Gedanken.

Handlung 2: Er sucht durch die Ausweise den Verlierer zu identifizieren, und gibt die Brieftasche diesem zurück.

Handlung 3: Er eignet sich die Tasche an und behält sie für sich.

Fall 1 wird selten eintreten. Es wäre eine sogenannte Kurzschlußhandlung, die legitim und typisch nur für das Tierreich ist. Wir bräuchten uns damit nicht länger aufzuhalten, wenn es nicht Handlungen gäbe, wo Freiheit und Zwang vermischt auftreten. Wir denken z. B. an Kriegshandlungen. Das sittliche Gebot »Du sollst nicht töten« gilt offensichtlich, auch der Bibel nach, nicht für Kriegszeiten. Kriegshandlungen sind weitgehend Zwangshandlungen und liegen nicht in der persönlichen Initiative. In dem Gebot »*Du*(!) sollst nicht töten« wird das Individuum angesprochen. Wir wissen, es gibt ein unterhalb des Menschen Gelegenes. Es ist das Tierreich. Offensichtlich gibt es auch ein oberhalb des Individuellen Gelegenes, es ist das Sozialschicksal, in das wir verflochten sind. In diesem scheinen andere Gesetze (göttliche?) zu gelten.

Untersuchen wir das Gemeinsame von Handlung 2 und 3, so kommen wir auf ein zunächst überraschendes, aber höchst bedeutendes Schlüsselwort: Phantasie. Das Tier handelt unter Zwang seiner Naturtriebe, der Mensch seiner Phantasie gemäß.

In Fall 2 denkt der Mensch an den Verlierer. Er stellt sich in seiner Phantasie dessen Situation vor. Vielleicht steigen in ihm auch Vorbilder von geliebten Menschen auf und deren Grundsätze oder Ermahnungen. Oder er imaginiert sich eine schöne Welt, die auf Vertrauen und

Ehrlichkeit gebaut ist. Was sich auch immer im Inneren der Seele des Finders abspielt, es spielt sich im Bereich seiner Phantasie ab. Auch in Fall 3 wird die Phantasie in Bewegung geraten. Der Finder malt sich aus, was er mit dem Geld anfangen kann.

Ohne Phantasie gibt es keine Moral oder Unmoral. Auch der wesentliche Unterschied zwischen Moral und Unmoral wird uns durch das einfache Beispiel erklärlich. Mensch 2 richtet seine Phantasie auf den *unbekannten* Verlierer, oder auf eine Wunschgesellschaft der *Zukunft*, oder auf den »großen allgegenwärtigen Unbekannten«, auf Gott. Mensch 3 richtet seine Phantasie auf sich, auf das ihm Bekannte, auf seine Bedürfnisse und Wünsche, auf sein Ego.

Der sittliche Mensch richtet seine Phantasie auf das Allumfassende, das für uns Menschen noch in der Zukunft liegt. Der Unsittliche richtet seine Phantasie auf sich als ein Isoliertes, allein Bestehendes, Egoistisches. Bei beiden aber wird die Phantasie angesprochen. Phantasie allein bringt noch keine sittliche (oder unsittliche) Handlung zustande, sie muß sich auf ein Leitbild richten und durch Initiative in Bewegung geraten.

PHANTASIE UND INITIATIVE

Die Quelle der Phantasie liegt im Unbekannten, also bei Gott. Die ganze Schöpfung ist erfüllt von Phantasie, und die menschliche Phantasie scheint ein Teil dieser kosmischen Kraft zu sein. Wer nur ein wenig mit Aufmerksamkeit auf die Vielfältigkeit der Naturformen schaut, kommt aus dem Staunen nicht heraus. Welch unvorstellbare künstlerische Phantasie waltet da! Auch beim Künstler steigt diese schöpferische Kraft der Phantasie aus den tiefsten und ihm selber unbekannten Schichten seines Wesens. So bezeichnet man die Künstler mit Recht als göttlich begnadet.

Diese Kraft kommt also sowohl in der Natur als auch durch den Menschen formbildend zum sichtbaren Ausdruck. In der Natur werden uns diese Formen unmittelbar sinnlich anschaubar. Im Menschen muß noch eine andere Kraft hinzukommen. Diese Kraft ist *Initiative*. Der Träumer ist erfüllt von Phantasievorstellungen. Er kann sie aber nicht ins volle Bewußtsein bringen und Tat werden lassen. Um dieses zu können, braucht der Mensch Initiative. Die Wurzeln der Initiative liegen ebenfalls im Unbekannten, also in Gott. Ja, Initiative scheint in noch verborgeneren Schichten beheimatet zu sein als Phantasie. Das liegt schon in der Bedeutung des Wortes Initiative, das mit Initiation, d. h. »Einweihung«, zusammenhängt. Ein für das Selbe gebrauchtes Wort, Impuls, weist uns auf das Rhythmische hin. Wir sahen ja schon, daß die rhythmische Wiederholung die Initiativkraft stärkt.

Zusammengefaßt ergibt sich:

Phantasie = formbildend

Moral: + *Leitbilder*

Initiative = rhythmisierend

LEITBILDER

Vitalität, Lebendigkeit und Schlagkraft bekommt die Moral durch Phantasie und Initiative; die Richtung zum Guten oder Bösen durch die Leitbilder. Das Streben nach destruktiven Leitbildern kann man ja nicht als Moral bezeichnen und soll uns hier nicht beschäftigen. Ein Leitbild ist auf eine, dem Ego übergeordnete *Realität* gerichtet. Eine Realität, die aber noch nicht realisiert ist. Eine Realität der Zukunft. Ein Bild, das der Zukunftsbestimmung des Menschen entnommen ist. Ausgesagt ist damit, daß sowohl der Mensch als auch die Menschheit im eigentlichen Sinne des Wortes noch nicht realisiert sind. Wir sind noch auf dem Weg zu diesem Ziel. Wohl ein Plan, wie der für ein zu errichtendes Haus, liegt vor, aber er ist noch längst nicht vollendet und ausgeführt. Die Leitbilder des sittlich guten Handelns entnimmt der strebende Mensch vorschauend dieser Zukunfts-*Realität*. Nur aus der mehr oder minder bewußten Vorstellung dieses Zieles kann der Mensch sittlich gut handeln. Will er es, so muß er die Quelle seiner Phantasie in diese Zukunfts-Realität lenken.

Diese Leitbilder müssen also so beschaffen sein, daß sie aus dem Zukunfts-Bild Mensch, bzw. Menschheit, in die Gegenwart projiziert werden können. Diese Gegenwart ist heute eine andere, war in vergangenen Zeiten eine andere, wird in kommenden Zeiten wiederum eine andere sein. Sie ist dauernd im Vergehen, ist also jeweils relativ. Sie hat kein »Sein«, sondern ein ständig veränderliches Werden. Dagegen bleibt das Zukunftsbild der immer gleich feste Stützpunkt der Phantasie.

Will man das nötige Vertrauen zu diesem Leitbild fassen, so muß einem ersichtlich werden, daß die ganze menschliche Entwicklung, soweit man sie sittlich nennen kann, immer auf das Erreichen dieses Zieles ausgerichtet war und noch ist. Es ist klar, daß der einzelne Mensch in seinen 60—80 Jahren seiner ihm gegebenen irdischen Existenz dieses Ziel nicht erreichen kann. Er kann also Anreiz zum Streben nach dem absoluten Menschsein nur bekommen, falls ihm in irgendeiner Weise durchsichtig wird, wie sein Streben trotz der beschränkten irdischen Lebensdauer zur Vollendung kommen kann. Wird ihm dies nicht in vertrauenswürdiger Weise klar, ja selbstverständlich, so werden ihm alle Leitbilder zur Illusion.

In diese Situation sind wir heute geraten. Das, was absolut sein sollte, der vollkommene Mensch und die vollkommene Menschheit, wird zur Illusion, und das, was relativ ist, das Jetzt, der eben erreichte Status, wird zur einzigen Realität. Das ist der nun verständliche Grund der moralischen Unsicherheit in unserer Zeit.

RELIGION UND PHILOSOPHIE

Philosophie und Religion sind wie Bruder und Schwester einer Familie. Beide sind Kinder des göttlichen Vaters, d. h. der Welt der Ur-Bilder, und der Mutter Erde, d. h. dem Drang nach Verwirklichung. Verleugnen sie Mutter und Vater, so sind sie ohne Wurzeln und Blüten und müssen verwelken. In diesem Welkungsprozeß befindet sich unsere Kultur. Sie glaubt ohne eine Erkenntnis der Ur-Bilder und ohne eine menschengemäße Zielsetzung auskommen zu können. Ist aber das Geschwisterpaar gesund, so fällt für sie der Begriff Vater und Mutter, als der von Eltern, zusammen, denen sie sich gleicherweise zugehörig empfinden. Die Schwester neigt mehr dem Einfluß der Vaterkräfte zu, der Bruder mehr zur Mutter Erde. Beide jedoch ergänzen sich und leben, sich gegenseitig bereichernd, harmonisch zusammen. Die Schwester versucht mehr den Willen des Vaters zu ergründen, dem ja auch die Mutter zugeneigt ist. Der Bruder will der Mutter dienen, den Willen des Vaters zu verwirklichen. Er liebt die Erde, so wie der Vater die Mutter. Die Schwester ist die Religion, der Bruder die Philosophie.

Zwischen beiden steht nehmend und weitergebend die Möglichkeit zur guten Pädagogik. In der Erziehung soll die Waage harmonisch frei schwingen. Weder die Schale der Religion noch die der Philosophie soll überbelastet werden. Wir wollen im Folgenden die beiden Gebiete in Stichworten gegenüberstellen:

Religion	*Philosophie*
Schauen	Denken
Vereinigen	Analysieren
Ehrfurcht	Reflektieren
Bewunderung — Staunen	Logik
Glauben	Objektivität suchend
Autorität	Selbständiges Denken
Liebe	Erkenntnis
Zum Menschen führend	Vom Menschen ausgehend
Zu Erfahrungen führend	Von Erfahrung ausgehend

Wird die Waagschale der Philosophie durch naturwissenschaftlich-materialistische Nützlichkeitsvorstellungen am Boden der Pragmatik festgehalten, so verdirbt sie jegliche gesunde Pädagogik und läßt die Seele des Kindes verkümmern. Dies ist die Tragik unserer Zeit. Ebenso tragisch wäre es, wenn das philosophische Denken verworfen würde (wie es heute oft von östlichen Gurus gefordert wird). Das bedeutete, daß die Waagschale der Religion von den Kräften des Himmels nicht entlassen würde und so nie zur Freiheit käme.

Gesund ist es, wenn die Seele im freien Schwingen der Waagschalen ihr Eigengewicht erkennt und findet. Die Pädagogik, die der Seele des Menschen freie Entwicklung ermöglichen soll, bedarf beider, der Religion und der Philosophie. Beiden liegt ein Menschenbild zugrunde, das der Religion als Ziel, das der Philosophie als Ur-Bild. Das der Religion wird dem Menschen durch Offenbarung, das der Philosophie durch die göttliche Kraft des Denkens. Pragmatisch ist dieses Menschenbild nicht erforschbar. Es liegt eben als *Realität* im geistigen Bereich, entweder im Ur-Bild oder im Zukunftsbild, was im Grunde dasselbe ist, denn die Realität des Geistes ist wie ein Kreis, in dem sich Anfang und Ende im selben Punkt berühren. Wer aufgrund der Dokumente der Geschichte und der augenblicklichen Gegenwart die Zukunft glaubt gestalten zu können, ist wie ein Mensch, der aus einer gerade beginnenden Bauphase heraus glaubt, den ganzen Plan des Hauses ablesen zu können.

Die Religion ist ihrem Wesen gemäß von Zielen determiniert. Sie strebt nach dem idealen Menschen und der idealen (messianischen) Menschheit. Auch die Philosophie müßte davon ausgehen, wenn sie zu vernünftigen Erkenntnissen gelangen will. Wir haben es also auf beiden Waagschalen mit *Qualitäten* zu tun, die einer höheren Schicht von Wirklichkeit angehören als die, auf welcher sich der »Kampf ums Dasein« abspielt. Wird aber eine, oder gar beide Waagschalen, in einer Schicht festgehalten, in der sie dann nicht mehr frei schwingen können, in der Sphäre, wo Ursache und Wirkung in völlig entgegengesetzter Weise wirken als in der Sphäre des Ideellen, in der nämlich die Gegenwart von der Zukunft aus bestimmt werden soll —, dann gerät das Leben eben in die berühmte Sackgasse, in der wir uns zur Zeit befinden.

Eine reinliche Trennung von Philosophie und Religion entspricht nicht dem wirklichen Leben, in dem immer alles gemischt erscheint. Aber um eine gute Pädagogik aufzubauen, muß man die Verschiedenheit der jeweiligen Gesetzlichkeit beider Gebiete kennen und berücksichtigen.

DER MENSCH ALS PERSÖNLICHKEIT

In einem früheren Kapitel wurde davon gesprochen und mit dem Beispiel einer Baumschule illustriert, daß der Mensch und die Menschheit geführt, geleitet und erzogen wurde. Die Religion bediente sich zu diesem Zweck der Offenbarung und der Mysterien, die Philosophie der Qualitäten außergewöhnlich begabter Menschen.

Nun aber sind wir zu einer gewissen Selbständigkeit als Individuum herangereift. Die Erziehung durch außenstehende Elemente sollte immer mehr in Selbsterziehung übergehen. Die Kraft der Offenbarung wie auch die Kraft des klaren Denkens beginnt sich in unserem eigenen Inneren zu regen. In jedem Menschen wird der Keim eines Priesters und eines Philosophen leise bewußt. Darin liegt der Ansatzpunkt zur Erneuerung.

Man kann es nicht oft genug betonen, »Erneuerung« bedeutet nicht »Reform« der Religion, was hieße, die Religion an die neuen zivilisatorischen Bedingungen anpassen. Erneuerung aber bedeutet, daß der Mensch sich der Notwendigkeit eigener Erneuerung bewußt wird und dadurch die altehrwürdigen Offenbarungen und Überlieferungen mit neuen Augen und neuem Verstand begreift.

Zwei große Änderungen haben sich im Bewußtsein des Menschen vollzogen oder sind dabei, sich immer rascher zu vollziehen. Die eine ist, daß der Mensch, um Erkenntnis zu gewinnen, immer mehr auf sein Denken angewiesen ist. Gemüt, Gefühl, Empfindung geben ihm keine Sicherheit mehr. Das Zweite ist, daß der Mensch immer mehr zum Bewußtsein seiner Individualität erwacht. Er sucht deshalb nach Gedanken, die der Existenz seiner einmaligen, selbstbewußten Persönlichkeit gerecht werden.

Die Denkgrundlagen vergangener Zeiten (die noch rudimentär bis in unsere Zeit hineinreichen) waren die vom Gefühl akzeptierten alten Offenbarungen. Der

Geist in Form des Denkens beschäftigte sich vorwiegend nur mit deren Überlieferung und Auslegungen. Die Offenbarungen wurden nicht als erdacht angesehen, weil das Gemüt selbst noch in ihnen wurzelte. Über deren Wahrheit und Authentizität entstand überhaupt kein Zweifel. Nach und nach wurden allerdings die Auslegungen immer mehr an die Lebenspraxis gebunden. Man entfernte sich mehr und mehr von den theologischen, philosophischen und okkulten Aspekten, und der Verstand suchte mehr die formalen, sittlich-sozialen und praktischen Seiten. Im jüdisch-religiösen Bereich wurde immer weniger die *Thora* als Grundlage herangezogen. Das Studium richtete sich mehr auf die Ausleger *(Chasal)*. Vom 15. Jahrhundert ab wurden die Offenbarungen des Geistes immer mehr von den Offenbarungen der Natur abgelöst. Der Weg in den Materialismus begann. Die zwei, drei Generationen, die von Kindheit an durch die Vorstellungen der Naturphilosophen (Newton, Darwin, Haeckel usw.) erzogen wurden, verloren die Gefühlssicherheit, daß es oberhalb der natürlichen Offenbarung überhaupt noch etwas gibt. Das Denken verfiel immer mehr in ein Kombinieren von Beobachtungen zum Aufstellen statistischer Reihen. Heute wird das selbständige Denken immer mehr vom Lernen verdrängt. Das Prüfungssystem von den Volksschulen bis zum Doktorat unterstützt und beschleunigt diesen Trend. Das Denken, das durch Scholastik und Thora-Talmud-Studium schon eine recht ansehnliche Stärke erreicht hatte, ist in Gefahr, durch einseitige materialistische Naturwissenschaft schwach und immer schwächer zu werden. Es wurde ja dadurch vorwiegend auf Beobachten, Sammeln und Kombinieren gestellt. Der Student ist am besten dran, der das vom Professor Vorgetragene restlos adaptiert und durch Gedächtnis reproduziert. Und in der Tat sind wir in ein Stadium der Entwicklung eingetreten, in dem sich eine schon fast krankhafte Allergie gegen das (selbständige) Denken gebildet hat. Der Konformist gilt, nicht nur in den autoritären Staaten, als der beste Bürger. Man ist es auch gerne, weil es sich so am leichtesten leben läßt. Soweit gedacht wird, ist es meist degeneriert zum Aussieben aller wirklichen Fakten, um als Restbestand nur das zu behalten und zu bedenken, was dem »Kampf ums Dasein« dienen kann.

Eine der wichtigsten Forderungen zur Erneuerung des Menschen wäre es, in ihm die Freude und die Kraft zum selbständigen Denken zu erwecken. Um das zu erreichen, wäre die erste Forderung, das Denken von der Gebundenheit an naturwissenschaftlich-materialistische Vorstellungen zu befreien. Man muß die Wissenschaft zur Stufe der Geisteswissenschaft erheben. Es heißt erkennen, daß der Geist die Ursache aller physischen Energien und Tatsachen ist.

Ohne materielle Träger in vielfältiger Differenzierung anzuerkennen, würde der Begriff »Energie« für die Wissenschaft nicht existieren, wäre eine nebulose Abstraktion. Ebenso nebulos und unwissenschaftlich wäre es, von »Geist« als Abstraktion zu sprechen, ohne sich Träger des Geistes, also ebenfalls vielfältige geistige reale Wesenheiten als der Forschung zugänglich vorzustellen.

Es dauerte erhebliche Zeit, bis damals die Ergebnisse der Naturwissenschaft ins Bewußtsein der Menschen drangen und dann langsam zivilisationsbildend wurden. Die Pioniere wurden verketzert, ja verbrannt. Auch heute dringen immer mehr Geistforscher erkennend in die Realitäten einer Geistwelt vor. Auch sie werden heute vielfach verketzert, verlacht oder totgeschwiegen.

Der Naturforscher bedient sich für seine Forschung technischer Hilfsmittel (Mikroskop usw.). Auch der

Geistforscher bedarf Hilfsmittel. Diese muß er aber dem seinem Gebiet Entsprechenden entnehmen. Er muß seine Geisteskraft durch Konzentration, Meditation und Kontemplation zum Wahrnehmen der Geistwelt befähigen. Es gibt heute ein reichhaltiges Studienmaterial darüber. Wer Geistforscher werden will, bedarf dieser Schulung.

Die Ergebnisse echter Geistesforschung kommen dem Aufbau einer *neuen* Kultur ebenso zugute, wie die Erforschungen der Naturwissenschaft unserer technischen Zivilisation. Ermutigende Anfänge in dieser Richtung kann die anthroposophische Geisteswissenschaft auf vielen praktischen Gebieten schon aufweisen.

Die zweite Änderung, nämlich daß der Mensch immer mehr zum Bewußtsein seiner Individualität erwacht, bedeutet, daß er nach Erkenntnissen sucht, die ihm verständlich machen, wie er als Persönlichkeit existiert. Daß er nicht nur ein durch fremde Elemente (Vererbung und Umwelt) willkürlich zusammengesetztes Etwas ist, das mit dem Auseinanderfallen dieser Elemente wieder ins Nichts verschwindet. Daß das, was er als Moral und Gewissen in sich erlebt, nicht ein durch äußere Fakten gesteuerter Anpassungsapparat ist, sondern eine Eigenschaft seiner eigenen, unvertauschbaren Ich-Persönlichkeit. Existiert der Mensch als solcher nicht, ist es ganz sinnlos z. B. von Verantwortung oder Moral zu sprechen. Ohne soziale Verantwortung aber kann kein gesellschaftlicher Organismus aufgebaut werden.

Die Frage nach der Realität der eigenen Persönlichkeit kann, der Natur der Sache entsprechend, nur jeder für sich beantworten. Das, was nicht persönlich ist, also nicht das »wirkliche Ich«, können Außenstehende beobachten und beschreiben. Ein Beispiel: Ein Gast kommt in ein Haus und lernt dort einen dreijährigen Buben kennen. Er spielt mit ihm und erzählt ihm Märchen. Der

Bub wächst heran. 25 Jahre später hat der »Gast« mit dem Direktor einer Bankfiliale zu tun. Nach abgewickelten Geschäften kommen die beiden Herren in ein privates Gespräch. Es stellt sich heraus, daß der Direktor der dreijährige Bub von damals war. Natürlich konnte ihn der »Gast« nicht wiedererkennen. Seiner äußeren Gestalt (und physischen Substanz) nach, war er längst nicht mehr der dreijährige Bub. Und doch, er war es. Er erinnert sich noch der Märchen, die ihm der »Gast« damals erzählte. — Wer ist dieser »Er«? Doch wohl nicht die Substanz oder der Leib des damaligen Dreijährigen. Und doch, das Wesentliche, die Persönlichkeit dieses Er von damals ist noch dasselbe. Zwar reifer, zwar bewußter, zwar gescheiter, aber doch »Er«! Ja noch mehr, der »Gast«, der den Buben seit seiner Geburt gekannt hat, erzählt ihm nun von Erlebnissen, die der jetzt 28jährige damals durchgemacht hat. Der hat keinerlei Erinnerung daran und doch war »Er« es, der es erlebt hatte. Das heißt also, »Ich« und Erinnerung bedingen sich nicht notwendigerweise. Sein »Ich« existierte schon vor der Zeit, bis zu der seine gegenwärtige Erinnerung reicht. Seine Substanz hat er seit dieser Zeit oft ausgetauscht, aber das Ich war und blieb immer das gleiche. Wahrnehmen konnte der »Gast« dieses Ich nie, er erlebte nur dessen Wirkungen, sowohl des Kindes als auch jetzt des Erwachsenen. Dieser aber weiß von seinem Ich. Nichts ist ihm sicherer als dessen Existenz. Dagegen ist es ihm schwer, die Wirkung seines Ich und den Ausdruck, den es seinem Körper eingeprägt hat, so objektiv zu beobachten, wie dies der »Gast« kann.

Denken wir dieses Beispiel konsequent durch, so kommen wir zu dem Schluß, daß das Ich einer Sphäre angehört, die der körperlichen Erscheinung übergeordnet ist. Es ist die, in der auch Moral und Bewußtsein wur-

zeln. Es ist die wahre Sphäre des Menschen. Das wahre
Ich bedient sich offensichtlich der ihm untergeordneten
Sphäre des physischen Seins als Material, in dem es sich
ausdrückt. Das Bewußtsein *spiegelt* sich in dieser Mate-
rialsphäre. Sobald diese in Form des menschlichen Körpers fein genug durchorganisiert ist, kann sich das Ich
darin spiegeln, und die Möglichkeit der Erinnerung beginnt. Auch in der außer seinem Körper gelegenen Umwelt und der gesellschaftlichen spiegelt sich das Ich und
erhöht das Selbstbewußtsein.

War vielleicht dieses Ich schon vor der Geburt bzw.
vor der Empfängnis? Daß davon zunächst keine Erinnerung existiert, ist, wie das Beispiel zeigt, kein triftiges
Argument dagegen. Daß eine große Unabhängigkeit zwischen Ich und Körper besteht, lehrt uns das Beispiel ebenfalls. Warum sollte also dieses Ich nicht prä-existent
sein? Denn schließlich, woher kommt dieses Ich? Wir
können uns nicht vorstellen, daß der Körper aus dem
Nichts kommt. Auch das Leben dieses Körpers kommt
nicht aus dem Nichts. Es organisiert das »Material« zu
einem lebendigen Körper. Es ist also dem Material übergeordnet. Vielleicht organisiert sich dieses Leben zu
einem Bewußtseinsspiegel auch durch ein diesem wiederum Übergeordnetes, das wir die individuelle Geist-
Seele nennen?

Aber woher kommt diese Geist-Seele? Auch das können wir mit großer Wahrscheinlichkeit aus der Beobachtung der Wirklichkeit schließen. Schauen wir auf den
alten Menschen. Mit 65 hat er seine Pflicht im Kampf
ums Dasein offiziell erfüllt. In den vergangenen Jahren
waren sein Geist und seine Interessen berechtigterweise
nach außen gerichtet. Was ist eigentlich dieser Kampf
ums Dasein? Beim Tier ist es der Kampf um die Erhaltung der Art gegenüber der feindlichen Umwelt. Soll-

te es beim Menschen der Kampf um die Erhaltung des Ich gegenüber einer ihm fremden Umwelt sein?

Beim Pensionär ist dieser »Kampf« legitim beendet. Bei so manchen schwingt er in ihrem Gemüt noch automatisch weiter. Sie können sich von ihm nicht lösen, ohne jeglichen Halt als Ich in der Welt zu verlieren. Das war nicht immer so. Es ist schon ein Zeichen der Degeneration unserer materialistischen Zeit. Dadurch erst wurde das Altern zu einem sozialen Problem. In einer Zeit, in der die menschliche Gesellschaft sowohl im Orient als auch in Europa noch mehr im Gleichgewicht war als heute, zog sich der alternde Mensch erleichtert von seinen sozialen Pflichten zurück. Er begann nach innen zu schauen. Er sann in der ihm eigenen Weise über sein wahres Ich und seine wahre Heimat nach. Auch im Judentum war es so, daß die »Ältesten« durch diese Innenschau diejenigen wurden, die den Jüngeren ihre erarbeitete Weisheit vermitteln konnten. Sie erlebten sehr real ihr Ich und bereiteten sich nun intensiv vor, daß es, wie sie es nannten, vor Gottes Thron und Gericht bestehen konnte.

Vom irdischen Standpunkt aus verschwindet dieses Ich beim Tod in die Welt des großen Unbekannten. Der Körper, der durch seine Spiegelnatur diesem Ich sein Selbstbewußtsein ermöglichte, löst sich auf. Darum arbeitete der alternde Mensch all die Jahre vor seinem Tod intensiv durch gute Taten, gute Gedanken und Gebete daran, sich einen positiven Moral-Körper zu erbauen, damit dieses Ich eine geistig-persönliche Widerlage auch ohne physischen Körper schaffe und damit die Möglichkeit, in der rein geistigen Existenz des Nachtodlichen sein Selbstbewußtsein zu bewahren. Dies war ein sicheres Erleben, wenn es auch nicht reflektiert und bewußt formuliert wurde.

Auch wir aufgeklärte Menschen sehen, wie das Ich durch den Tod in das große Unbekannte verschwindet. Auf der anderen Seite sehen wir, wie bei der Geburt aus dem großen Unbekannten ein Ich auftaucht und langsam den ihm gebotenen lebenerfüllten Vererbungsleib in Besitz nimmt und ihn für sich umformt. Der Gedanke, daß dieses verschwindende Ich und das wieder auftauchende in einem Zusammenhang stehen, liegt nahe. Jedenfalls kann diese Wahrscheinlichkeit durch keine wissenschaftlichen Gegenbeweise entkräftet werden und hat somit zumindest eine bedeutende Berechtigung als Hypothese.

Können wir diese Hypothese noch durch andere Erfahrungen stützen? Liegt es im Bereich unserer irdischen Erfahrung, daß ein Ich im Unbekannten verschwindet und mit Sicherheit als dasselbe beim Wiederauftauchen aus dem Unbekannten erkannt wird? Ja, diese Erfahrung machen wir jeden Abend beim Einschlafen und am Morgen beim Wiedererwachen. Zwischen beiden liegt das für uns Unbewußte des tiefen Schlafes. Hier sind wir uns der Kontinuität des Ich voll bewußt. Es wird wohl keiner behaupten, daß das Ich im Schlaf zu einem Nichts und am Morgen (durch den Körper) wieder ganz neu aufgebaut wird, oder, daß ein Ich überhaupt nicht existiert.

Der uns ein wenig zugängliche Zustand zwischen Einschlafen und Aufwachen ist das Träumen. Gleichgültig, woran sich dieses entzündet (Tagesreminiszenzen, unerfüllte Wünsche oder anderes), die Welt der Träume ist eine Welt reiner Phantasie. Wir sahen, wie eng die Verbindung zwischen Phantasie und Moral ist. Daraus können wir mit einer gewissen Wahrscheinlichkeit schließen, daß die uns unbekannte Welt des Schlafes (und des Todes) die Welt ist, in der die Wurzeln der

Moral verankert sind. Somit würden wir auch verstehen, warum der gesunde Instinkt des alternden Menschen sich auf diese Welt, wie auf eine Welt des Gerichtes, vorbereitete.

Der durch irdische gute Taten in ihm manifest gewordenen Moral verdankt der Mensch in dem jenseitigen Teil der Welt, der Welt des *Emeth*, wie sie im Judentum genannt wird, sein geistiges Ich-Bewußtsein. Die *Initiative* (die dritte Kraft neben Phantasie und Moral), die im Diesseits als Wille in Erscheinung tritt und vorerst dem Aufbau und der Verteidigung der physischen Existenz dient, stellt sich in der Welt des *Emeth* (Wahrheit) in den Dienst seines geistigen Aufbaus. Dieser Aufbau ist ja noch nicht vollendet, ist noch mangelhaft. Nur die moralisch guten Taten schaffen den Moral-Körper, durch den das geistige Selbstbewußtsein konstant wird. Dieses ist beim heutigen Menschen ja meist noch sehr mangelhaft. Die Initiative nun schafft die schicksalsmäßigen Bedingungen für ein neues irdisches Dasein, durch welches der Mangel ausgeglichen werden und der Aufstieg zum idealen Menschen fortschreiten kann. Der Moral-Leib kann ja nur durch irdisch gute Taten manifest werden. So schafft sich der Mensch *selbst*(!) das für ihn nötige Schicksal (oder *Karma*, wie es in der Geisteswissenschaft genannt wird).

Früher legte man berechtigterweise noch kaum Wert auf die Betonung der individuellen Existenz. Weder für den irdischen noch für den jenseitigen Bereich. Das Bewußtsein für Differenzierung war noch nicht in dem Maße erwacht wie heute. So genügten auch Formulierungen ganz allgemeiner Art. Man sprach davon, daß die Seele ins Reich der Ahnen eintritt oder in Abrahams Schoß. Man sprach ganz allgemein von Himmel und Hölle, von der Auferstehung der Toten am Jüngsten

Tag, vom Gericht Gottes. Das Gemüt war damals noch ein so relevantes Erkenntnisorgan, daß diese allgemeinen Andeutungen genügten, um für das irdische Leben die moralische Grundlage zu schaffen. Nur die Weisen waren besser orientiert, denn sie lernten in sogenannten Geheim- oder Mysterien-Schulen und waren zum Schweigen über das Gelernte verpflichtet. Diese Zeit ist vorbei. Der jetzt selbstbewußte Mensch will Genaueres über seine geistige Existenz *wissen*. Er ist dazu auch fähig, wenn er sich von den so tief in ihn eingedrungenen materialistischen Vorstellungen befreien kann.

Es muß und kann dem heutigen Menschen zum Bewußtsein kommen, daß Initiative, Phantasie und Moral integrale Bestandteile seiner Ich-Persönlichkeit sind, die er sowohl in seiner geistigen Existenz, als auch in der irdischen besitzt, die nur in verschiedener Weise in beiden Existenzformen zum Ausdruck kommen. Er muß wissen, was Moral für ihn ganz persönlich bedeutet, daß die Früchte seines moralischen Handelns und Strebens zu seinem unverlierbaren, persönlichen Besitz werden, daß davon sein Ich-Bewußtsein in seiner geistigen Existenz abhängt. Und er muß wissen, daß er es ist, der zu seinem eigenen Guten aus höherem Bewußtsein heraus sein irdisches Schicksal gestaltet. Ohne solche Erkenntnisse, die er nicht als Glauben übernehmen soll, sondern die er sich durch eigene Denkanstrengung, wenn auch mit Hilfe verantwortlicher Geistesforscher selber erarbeiten kann, ist alles Reden von Moral und moralischer Erneuerung lahm und wirkungslos, und es stockt der Lebensstrom, der durch die Religion pulsieren muß, damit sie für die Menschen wieder fruchtbar wird.

VERHÄNGNISVOLLE PRÄGUNG DURCH LEHRMETHODEN

Über Psychologie ist in den letzten 50 Jahren viel gedacht und geschrieben worden. Die meisten Untersuchungen gehen von der Erfahrung aus, also von der Vergangenheit. Auf diese Weise wurde wohl viel interessantes Material zur Anschauung gebracht. Es zeigt uns aber bestenfalls unseren psychologischen Ausgangspunkt. Bei diesem sollen wir aber nicht stehenbleiben, sondern in Zukunft uns über ihn erheben.

Wollen wir eine gute Pädagogik entwickeln, so müssen wir neben der Analyse unseres psychologischen Ausgangspunktes das »höhere Menschenbild« in unserem Bewußtsein entwickeln, denn das gilt es ja zu erreichen. Eine so aufgebaute Pädagogik soll ihre Impulse von diesem Menschenbild bekommen.

Will ein Mensch eine Maschine verbessern, muß er auch erst eine Vorstellung des Besseren haben, eine Zukunftsvorstellung, die nur der Geist aufbauen kann. Aus der Analyse der unvollkommenen Maschine kann man zu keiner Verbesserung kommen. Pädagogik, die sich auf die heute geltenden Sozialverhältnisse stützt (die ja reichlich schlecht sind), ist ungenügend. So dürfte ihr Bestreben gerade *nicht* sein, die Kinder möglichst reibungslos an *diese*(!) bestehende Gesellschaft anzupassen.

Schauen wir unser Schulwesen an, so sehen wir, daß es vorwiegend auf Lernen aufgebaut ist. Lernen kann man aber nur Erfahrungen der Vergangenheit. Diese Erfahrungen, die in den Schulbüchern zusammengetragen sind, von der ersten Schulklasse bis zur Reife, sind aber nicht einmal nur Erfahrungen, sondern durchsetzt mit materialistischen Hypothesen, also Glaubenssätzen, die dem Kind als unumstößliche Wahrheiten beigebracht werden. Dadurch werden den Kindern Vorstellungen eingepflanzt, wie z. B. daß der Mensch ein höher entwickeltes intelligentes Tier sei, oder daß der kulturelle Fortschritt auf Auslese der Stärkeren im Kampf ums Dasein beruhe. Durch solche und viele viele andere gleichartige Vorstellungen wird die Waagschale des Denkens von Anfang an an den Boden genagelt und kann im Kinde nicht mehr frei schwingen. Die Entwicklung wird so geschildert, als ob sie sich weitgehend aus sich selbst, bzw. durch eine Kette von Zufällen gebildet hätte. Das ist genauso gescheit, als ob eine Maschine sich aus einer primitiven in eine komplizierte von selbst entwickelt hätte. Daß ein intelligenter Planer und Geist dahinter stehen muß, wird nicht gelehrt.

Dieses materialistische Weltbild wird dem Kinde in einer Zeit beigebracht — und das ist das Tragische —, in der seiner ganzen seelischen Konstitution nach die Glaubenskräfte sich entwickeln. Es ist die Zeit zwischen 7 und 14 Jahren. Das Kind ist dann noch nicht in der Lage, diesem Weltbild eigenes Denken oder Kritik gegenüberzustellen. Es saugt alles, was ihm vom Erwachsenen kommt, mit seinen Glaubenskräften als wahr in sich hinein. So sickern dann diese materialistischen Glaubenssätze tief ins Unterbewußtsein. Das ist der Grund, warum der Erwachsene sich später so schwer von diesen Vorstellungen lösen kann. Er ist von ihnen so stark geprägt, daß selbst logische Einsicht ihn nur selten davon befreien kann. Die einseitige Prägung des kindlichen Geistes führt dann in der Lebenspraxis zum erbarmungslosen Konkurrenzkampf auf allen Gebieten unseres sozialen Seins und vergiftet das mitmenschliche Leben.

Wenn die Drei-Einigkeit das Bauelement der Welt ist, so müssen wir dies auch im Judentum finden. Wir brauchen nicht lange zu suchen, um es darin zu entdecken. Die Einheit des Judentums besteht ja selber aus drei unzertrennlichen Elementen, dem *Volk*, dem *Land* und der *Bibel*.

Die Bibel ist dabei Israels Fenster zur Welt. Sie wurde *diesem* Volk offenbart und wurde zum meistgelesenen Buch *aller* Völker. Sie stellt den Weg Israels zur Welt dar, ist aber auch der Pilgerweg der Völker zurück zu Israel. Sie ist wirklich das eigenartigste Buch. Es gibt kaum eine Aussage über die Bibel, die *nicht* stimmt, aber auch keine, die *wirklich* stimmt. Das liegt schon in den, von Legenden umwobenen Selbstaussagen des Judentums über die Bibel. Es wird z. B. gesagt, daß das Verständnis der Bibel siebzig Auslegungen bedarf. Noch eigenartiger ist die kabbalistische Aussage, daß die Bibel unter Verwendung der 22 Zeichen des (hebräischen) Alphabets geschrieben ist, daß aber die *wirkliche* Bibel, die sich erst zur Zeit des Messias offenbaren wird, mit 23 Buchstaben geschrieben ist. Das hieße praktisch, daß so ziemlich jedes Wort geändert würde und somit einen bisher unbekannten Sinn offenbarte.

Bekannt ist die vierfache Möglichkeit des Verständnisses der Bibel, die in dem Wort *Pardes* (Obstgarten), nach den Anfangsbuchstaben von vier hebräischen Worten (P-R-D-S), ausgedrückt wird: *P*(schat) = einfache, wörtliche Aussage; *R*(emes) = Andeutung, Hinweis; *D*(rusch) = sinngemäße Auslegung; *S*(od) = Geheimnis. Und die eigenartigste Aussage ist, daß Gott, als er die Welt schuf, immer wieder in die Bibel schaute, um sich zu orientieren.

Fragen wir nach der religiösen Bedeutung der Bibel, so wird uns die Antwort leicht *und* schwer zugleich. Leicht, weil die Bibel ohne Zweifel die Grundlage der Religion, der jüdischen wie auch der christlichen ist. Schwer, weil es ja nicht festlegbar ist, was die Bibel eigentlich ist und aussagt. Sie ist ja für religiöse als auch für nichtreligiöse Kreise ein bedeutendes Buch. Für letztere enthält es offensichtlich keinerlei Verpflichtendes. Aber auch für erstere ist aus der Bibel selber nicht eindeutig ablesbar, was für den Menschen religiös verpflichtend ist. Das Christentum kommt da zu anderen Ansichten als das Judentum. Was das rabbanistische Judentum festgelegt hat, ist nicht konform mit den Worten der Bibel. Es ist der Zaun, der um sie gebaut wurde. Aber gerade dieser verbaut vielen Menschen den unvoreingenommenen Zugang zur Bibel und zur Religion, zumindest erschwert ihn. Das rabbanistische Judentum stützt sich ja in seinen religiösen Gesetzen und Forderungen viel mehr auf die Auslegungen der Weisen *(Chasal)* vergangener Zeiten, die in der *Mischna* und *Gemara*, der *Halacha* usw. festgelegt sind. Das Studium der orthodoxen Juden geht mehr auf den Talmud als direkt auf die Bibel.

Die Bibel bekommt ihren religiösen Status dadurch, daß man sie als eine Offenbarung Gottes (am Sinai) sieht. Sie als solche anzuerkennen, fordert auch Maimonides (Rambam) in seinen 13 Glaubenssätzen. Somit bekommt die Bibel vom Religiösen gesehen denselben Stellenwert wie das Sechstagewerk, die *Briah*, die Schöpfung selber.

Der natürlichen Schöpfung *(Briah)* gegenüber ist die Bibel im eigentlichen Sinne die Schöpfung bzw. Offenbarung des siebenten Tages, des *Schabat*. Diesen kann Gott erst durch den Menschen zur Manifestation bringen.

Die Natur *(Briah)* enthält geheim, d. h. nicht sichtbar, die Naturgesetze. Der menschliche Geist kann sie erforschen und anwenden. So enthält die Bibel die geheimen, noch unoffenbaren Gesetze der Welt des *Schabat*, was dasselbe ist wie der große Welten-*Schabat*, die messianische Zeit oder der neue Kosmos der Liebe.

Das hier Gesagte ist vielleicht nicht so ohne weiteres zu verstehen oder annehmbar. So ist es aber auch mit den Manifestationen der Natur. Einem Kaktus sieht man ja auch nicht von außen seine Wachstumsgesetze und seine inneren Zugehörigkeiten an. Man muß sie erst erforschen. *Sod*, das Geheimnis der Bibel, zu durchschauen, ist eben die schwerste der vier Erkenntnisweisen. Um bis zu *Sod*, dem tiefsten Geheimnis der Bibel vorzudringen, bedarf es nicht nur der Beschäftigung mit dem intellektuellen Sinn der offenbarten Sätze, sondern zusätzlich noch des liebenden Eindringens in den tieferen Sinn der hebräischen Buchstaben. Das hebräische *Alef-Beth* steht noch der Ursprache nahe, und jeder Buchstabe hat außer seinem Zahlenwert auch noch einen geheimen Sinn.

Ein recht bekanntes Beispiel möge das Gesagte etwas erläutern. Die Bibel, d. h. also der Schöpfungsbericht *(Bereschith bara Elohim ...)*, beginnt nicht etwa, wie man vielleicht vermuten könnte, mit *Alef*, dem ersten Buchstaben des Alphabets, das den Zahlenwert Eins hat, sondern mit dem zweiten, dem *Beth* mit dem Zahlenwert Zwei. Eins *(Echad)* ist das reale Symbol für den EINIGEN, ewigen Gott, der ja vor der Schöpfung war und erst die Schöpfung schuf. So mußte also der Schöpfungsbericht folgerichtig mit *Beth*, dem 2. Buchstaben beginnen. Zwei *(Beth)* ist das reale Symbol für die dualistische Welt der Schöpfung. Außerdem heißt *Beth* übersetzt »Haus«. Die Welt ist also das »Haus Gottes«,

in welches Er den Menschen, den er mit seinem göttlichen Odem begabte, hineinsetzte, damit er in sich die
verlorene Einheit wieder finde, d. h. sich mit dem Göttlichen wieder vereine.

Der in die jüdische Geheimlehre eingeweihte Kabba-
list liest aus dem hier Angeführten noch viel mehr heraus, insbesondere wenn er sich in das ganze erste Wort
der Bibel, *Bereschith*, vertieft, was nur sehr unzuläng-
lich mit »im Anfang« übersetzt ist.

Die Bibel ist also die Schöpfung (Offenbarung) Gottes auf einer der Natur übergeordneten Schicht. Der
Vergleich beider kann für weitere Erkenntnisse hilfreich
sein. Betrachten wir die Einstellung des Menschen zur
Natur im Fortgang der Zeiten, so sehen wir, daß sich
diese sehr verändert hat. Nicht die Natur und deren
Gesetze veränderten sich, sondern die Art, wie sich der
Mensch zu ihr bezog und was er von ihr erkannte und
wie er das Erkannte anwendete. In weit vergangenen
Zeiten war das Verhältnis des Menschen zur Natur ein
von reinem Empfinden gesteuertes; wir würden es heute
als ein naiv religiöses bezeichnen. Der Mensch stand
durch seine unbewußte Identifikation mit den Vorgän-
gen und Qualitäten der Natur in großem Abhängigkeits-
verhältnis zu ihr. Langsam löste er sich im Verlauf der
Zeit von ihr, und sie wurde für ihn immer gegenständ-
licher und quantitativer. Genauso ging es auch mit des
Menschen Verhältnis zur offenbarten Bibel. Auch hier
haben wir einen erst langsamen, dann immer schneller
werdenden Abstieg von ehrfürchtig, religiöser Haltung
in historisch-dokumentarisches Verständnis. Ein Abstieg,
der andererseits aber von vielen auch als ein Aufstieg
empfunden werden kann. Wie dem auch sei — wir sehen,
daß, wenn auch auf verschiedenen Ebenen, das Verständnis von Natur und Bibel dem jeweiligen Zeitgeist unter-

worfen ist. Die Natur wie auch die Bibel selbst ändern sich ja nicht.

Es ist klar: Wollen wir die Religion wieder beleben, so müssen wir zu ihrer Grundlage, der Bibel, ein neues Verhältnis gewinnen. Der mechanistische Zeitgeist unserer Tage ist dazu wohl kaum fähig. Ein neuer Zeitgeist ist im Keimen. Aus diesem heraus kann man wieder die Priorität des Geistes sowohl in der Natur als auch in der Bibel erkennen. In dem Maße, in dem wir uns diesem zuwenden, werden wir zu den Offenbarungskräften, die über dem Sicht- oder Lesbaren wirken, ein erkennendes Verhältnis gewinnen.

Es besteht eine eigenartige, je nach Zeitenlauf andere Wechselwirkung zwischen Mensch und Bibel. Für die heilsame kommende Zeit wird sie folgendermaßen aussehen: Der neue Schlüssel (oder alt-neue »Öffner«, wie Schlüssel auf Hebräisch heißt) geisteswissenschaftlicher Erkenntnis schließt die Geistgesetze der Bibel neu auf. Dabei erlebt der Bibellesende immer neue Entdeckungen und Überraschungen. Diese wirken belebend auf das Gemüt (das Herz oder die Seele) und erwecken ein neues religiöses Erleben. Das wiederum wirkt stärkend auf den Willen und wird zur Grundlage eines neu aufzubauenden religiösen Kultus. Durch die heilenden Kräfte der Wiederholung wirkt er auf die Gesundung der zwischenmenschlichen Beziehungen und auf die Erkenntnis, wie diese im Sinne des Bauplans Gottes neu zu gestalten sind.

Ausgangspunkt dieses heilsamen Regelkreises ist der Abbau der Vorurteile, die uns durch den mechanistisch-materialistischen Zeitgeist unheilsam geprägt haben. Nur dadurch wird unser Blick wieder frei für die Realitäten der Offenbarungen.

Das Judentum könnte für das religiös-soziale Leben der Welt ein bedeutendes Vorbild werden, denn es zeichnet sich durch etwas sehr Besonderes aus. Der Jude ist eigentlich nie nur Privatmensch. Jeder Jude hat immer die Verantwortung für das Ganze. Er handelt, wenn er sich mit seinem Judentum verbunden fühlt, nicht nach seinem Einzelinteresse als Mensch, der nur sich erlösen will oder glaubt dies zu können. Er geht immer vom Großen zum Kleinen, von oben nach unten. Er empfindet nur einen Sinn im Leben, wenn er dem Größeren dient, der Familie, der Gemeinschaft, dem Volk, der Welt; ja sogar der *Schechinah*, der Glorie Gottes, die mit ihm in die Verbannung zog und deren Erlösung er zu dienen hat.

Es gibt kein unjüdischeres Wort als das, in unserer Zeit so oft gebrauchte: »Ich habe ein Anrecht!« *(magia li!)*. Der wirklich religiöse Jude kann gar nicht auf den Gedanken kommen, daß er auf diese Erde gekommen ist, daß er in diese Familie und dieses Volk hineingeboren wurde, weil er ein Anrecht hat. Seine Aufgabe auf Erden ist es, an der Erlösung mitzuarbeiten. Diese Pflicht, oder besser gesagt, dieses freudig erlebte Recht bis in die kleinste Tageshandlung hinein zu erleben und zu praktizieren bedeutet auch Verlebendigung der jüdischen Religion. Die Kraft dazu bekommt er nicht durch den »Kampf ums Dasein«, auch nicht durch Moralpredigten, sondern durch seine Verbindung zum Höheren.

Die Aufgabe, sich mit Liebe, Begeisterung und Freude der Erlösung des Ganzen hinzugeben bzw. hingeben zu können, setzt eine totale Gesundung voraus. Die Krankheit unserer Zeit wurde genügend beschrieben, die Symptome sind allgemein bekannt. Religiosität wird

Heeresgeschichtliches Museum, Wien
Kaiser Franz Josef I.
Kaiser von Österreich 1875,
Ölgemälde von Friedrich FRANCESCHINI

Postleitzahl

erst dann wieder spontan und als Fähigkeit auftreten, wenn eine allgemeine Gesundung eintritt. Nicht die Religion macht den Menschen gesund, sondern der gesunde Mensch *ist* religiös! Der heutige Mensch ist dem wahren Geist gegenüber lahm, und das wirkt sich auch gegenüber der Religion aus. Religion ist eine Urkraft des Menschen, sobald dieser in der Sphäre des reinen Menschentums leben kann. Sie bricht so elementar hervor wie die Liebeskraft im gesunden Menschen. Das Problem, vor dem wir stehen, ist: Hunderte von Jahren materialistischer Vorstellungen und entsprechende Erziehung haben den Menschen an eine ihm fremde Sphäre genagelt, von der er nur schwer wieder loskommt. Wir können nicht zu einer Gesundung kommen, wenn wir nicht wieder in die menschengemäße Sphäre zurückkommen. Diese aber liegt oberhalb der Natur und dem natürlichen Kampf ums Dasein. Sie liegt in einer Sphäre, in der der Mensch um sein wahres Ich kämpft, das rein geistiger Natur ist, verbunden mit einer Geist-Welt, die seine wahre Heimat ist. In dieser soll er sich behaupten können. Er muß wieder voll und ganz überzeugt sein, daß er dieses Ich zur Vollendung bringen kann, selbst wenn sein Streben immer wieder durch Tode unterbrochen wird. Er muß den Sinn seines Erdendaseins, d. h. seiner Inkarnation, zu erkennen fähig werden. Er muß wissen, daß die Früchte seiner moralisch guten Handlungen ihm niemals verlorengehen, sondern im Gegenteil durch den so aufgebauten Geist-Körper oder Moral-Körper sein Ich-Bewußtsein in einer rein geistigen (nachtodlichen) Sphäre aufrecht erhalten wird.

Dem Menschen dieses Vertrauen wiederzugeben, heißt, ihn gesund machen; und aus dieser Gesundheit heraus wird spontan sein religiöses Bedürfnis aufbrechen, wird die Fähigkeit des Betenkönnens wieder wachsen, so daß, wie es im Chassidismus heißt, die Gebete wieder zu Gott aufsteigen können. Dieses Beten wird dann keinen egoistischen Inhalt haben, es wird kein Bitten für sich selbst sein, sondern ein jubelndes Lobpreisen. Ein ständiges Danken, daß man auserlesen ist, an der Vollendung der Welt mitarbeiten zu dürfen. Man erhebt sich vom unbewußten Diener Gottes zum freien und bewußten Mitarbeiter Seines Willens. Dazu aber ist es nötig, daß man sich einen Einblick in den »Bauplan der Welt« verschafft. Diesen Einblick bekommt man nur durch spirituelles Wissen, das einem durch echte Geisteswissenschaft erreichbar wird. Wie man sich durch Naturwissenschaft einen Einblick in den Bauplan der Natur zu verschaffen sucht, so durch Geisteswissenschaft einen Einblick in den Bauplan der geistigen Seite der Welt. Sieht man sich als Geist-Ich-Wesen so sicher in einer Geistwelt stehend, wie man als Naturwesen sich sicher eingebettet in der Natur erlebt, so gesundet man und kann seinen Beitrag zur Gesundung der so krank gewordenen Gesellschaft leisten. Sieht man sich nur in der Natur verwurzelt, so verdirbt einem der wahre Teil seines Wesens, und man wird krank.

Dem Menschen wieder sein Selbstbewußtsein als Geistwesen in einer von ihm erkannten Geistwelt zu geben, heißt, Religion wieder verlebendigen und an der Gesundung der menschlichen Gesellschaft mitarbeiten.

DRITTER TEIL
WIE FINDEN WIR DEN GEIST?

WAS SEHEN WIR, WAS SEHEN WIR NICHT?

Wir nehmen die Außenwelt mit unseren Sinnesorganen wahr. Was übermitteln sie uns?

Vor uns liegt eine Uhr, können wir sie sehen? — Nein. Was wir sehen, ist keine Uhr, wir *wissen*, daß es eine Uhr ist. Dieses Wissen ist keine Funktion der Sinnesorgane, sondern die des Geistes. Der Anteil der Sinnesfunktion im Verhältnis zur Erkenntnisfunktion ist, obwohl notwendig, doch ziemlich gering. Der geistige Erkenntnisanteil steigert sich noch im Aufstieg zum pflanzlichen und weiterhin zum tierischen Bereich. Einem Menschen gegenüber zeigt uns die Sinnesfunktion fast nur noch an, wo der den Sinnesorganen nicht zugängliche Mensch steht. Das sind allgemein bekannte Selbstverständlichkeiten. Sind wir uns aber der Bedeutung ihrer Aussage bewußt? Gerade weil sie so alltäglich sind, wird über sie äußerst selten nachgedacht. Tun wir es, so sagen sie uns, daß wir als Geister in einer geistigen Welt leben. Richtet sich die Proportion unseres wissenschaftlichen Erkenntnisstrebens demgemäß aus? Haben wir gebenüber der materialistisch orientierten Naturwissenschaft eine sie so weit überragende Wissenschaft des Geistes?

Die Menschheit stöhnt unter der Last der Vermaterialisierung und geistigen Verflachung unserer Zivilisation. Wir wurden durch unsere massive Ausrichtung auf den physischen Teil unseres Lebens dem Riesenanteil des Geistes nicht gerecht. Wo finden wir heute überhaupt eine ernstzunehmende Wissenschaft des Geistes? Durch dieses unproportionelle Verhältnis ist uns das Bewußtsein, geistige Wesen zu sein, weitgehend verlorengegangen, damit aber auch der wesentlichste Teil unserer Menschlichkeit. Daraus ergibt sich die lebenswichtige

Forderung, den geistigen Teil des Lebens zu beobachten und unsere diesbezügliche Erfahrung mit aufmerksamer Vernunft zu verarbeiten.

WAS IST LEBEN?

Wir wollen nicht »über« das Leben philosophieren, spekulieren und in abstrakter Weise darüber nachdenken, sondern wir wollen beobachten, Erfahrungen sammeln und diese dann durch unvoreingenommene Vernunft auswerten. Da werden wir bald die »Erfahrung« machen, daß Leben nicht etwas von uns Gesondertes ist, das uns von außen gegeben ist. Wir werden beobachten können, daß der Mensch aus sich selbst Leben hervorbringt. So sagen wir z. B. von einem völlig apathischen Menschen, er sei wie tot, oder zu einem temperamentvollen, aus ihm sprudelt Leben. Richtet man seine Beobachtung auf sich selbst, erfährt man, daß es der Geist ist, der einen lebendig macht. Ist man geistig angeregt, wird man selbst bei vorheriger Müdigkeit wieder ganz »lebendig«.

Weitere Erfahrungen dieser Art bestätigen, daß das Leben im Geist seinen Ursprung hat, daß lebendige Geistigkeit und geistige Lebendigkeit eine fest verbundene Einheit bilden. So gibt es kräftige, gut gebildete Menschen, die so phlegmatisch sind, daß man sie zum Leben aufrütteln möchte, und andere, die teilweise oder ganz gelähmt sind, geistig aber so frisch-lebendig, daß sie noch andere anzuregen vermögen. Unvoreingenommene Überlegung kommt dadurch zum Schluß, daß das Leben als Geist oder der Geist als Leben den Körper benutzt, um sich darzustellen bzw. sich zu äußern. Es ist überaus hilfreich, wenn man solche und ähnliche Erfahrungen im Bewußtsein festhält.

WAS IST GEIST?

Die Antwort auf diese Frage soll sich durch bewußtes konzentriertes Beobachten selbst beantworten. Man lasse die Tatsachen sprechen.

Zunächst leben wir als irdische Menschen in der polaren Einheit von Körper und Geist. Exakte Beobachtung zeigt, daß wir den Anteil des Geistes keinesfalls mit unseren körperlichen Sinnesorganen wahrnehmen können, sondern nur mit den geistigen, das heißt, durch denkende Beobachtung. Wir können z. B. geistesabwesend, wie man es nennt, auf etwas starren, ohne es zu sehen. Umgekehrt, wenn man sich geistig auf etwas konzentriert, sieht man das Objekt differenzierter. »Der Geist macht sehend«, das ergibt sich aus der Erfahrung. Hätte ich keine Augen, würde ich nicht sehen; konzentrierte ich nicht mein Bewußtsein, meinen Geist auf den physischen Vorgang des Sehens (bewußt oder unbewußt), so würde ich trotz offener und gesunder Augen auch nichts wahrnehmen.

Haben wir als Geistwesen vielleicht auch eine Art Sinnesorgan? Konzentrieren wir uns mit geschlossenen Augen auf die Vorstellung einer Vase. Nach einiger Übung »sehen« wir sie geistig vor uns. Wir sagen ganz realistisch: Wir sehen sie mit unserem inneren Auge. Dieses ist natürlich physisch nicht auffindbar. Experimentieren wir als erfindungsreicher Künstler, sehen wir im Geist sogar eine physisch noch nicht existierende Vase. Diese »Geistvase« macht der Künstler dann durch irdische Stoffe auch für das physische Auge sichtbar. Auch die Wahl des zu verwendenden Materials ist eine geistige Entscheidung durch bewußte Vorstellung seiner Eigenschaften. Als drittes kommt die Vorstellung des zu erfüllenden Zweckes. Der Künstler als Geistwesen schafft also aus dem Geist heraus physisch Sichtbares. Dem Auge wahrnehmbar sind nur die Werkzeuge, wozu die Hände gehören und die durch Intelligenz ausgewählten Materialien. Es käme aber nie zu einer sichtbaren Vase, würde die Geistwesenheit des Künstlers diese nicht durch geistige Arbeit vorbereitet haben. Wenn derartige Tatsachen bedacht und auf verschiedene Gebiete erweitert und wiederholend geübt werden, *erfährt* man den Geist und was Geist ist. Man stößt förmlich als Geist auf den Geist, wie man als irdischer Mensch durch Berühren auf die Existenz des Physischen »stößt«. Damit beginnt unser Interesse von dem Sammelbegriff Geist zu differenzierteren Aspekten und deren Erforschung vorzustoßen, zu einem weiteren Forschen, oder, wie man auch sagen kann, zu einer Geisteswissenschaft zu kommen.

VERHÄLTNIS DES SINNLICHEN ZUM GEISTIGEN

Wir wollen, um das Verhältnis des Sinnlichen zum Geistigen zu verstehen, ebenfalls von der Erfahrung ausgehen. Wir versetzen uns in eine Situation, in der wir ganz intensiv über etwas nachdenken wollen. Über unsere Wohnung geht plötzlich der Lärm einiger Flugzeuge. Das stört unsere Konzentration. Kaum haben wir uns wieder gefunden, fährt alarmsignalisierend ein Polizeiauto am Haus vorbei. Wieder werden unsere Gedanken unterbrochen. Das Telefon läutet —, eine Fliege belästigt uns —, das Bein schläft uns ein, so daß wir aufspringen und herumgehen. Wir wollen uns nicht nur darüber ärgern, sondern diese Erfahrung benützen, um Grundsätzliches daraus zu lernen. Ein Gesetz offenbart sie uns: Unsere Umwelt gibt uns zwar Anregung, ist aber für unsere geistige Betätigung eine Störung. Wollen wir mit unserem eigenen Geist zusammensein, oder auch in den Geist der Umwelt eindringen, so müssen wir uns auf uns »zurückziehen«, uns von den äußeren Störungen befreien. Immer abgelenkt durch die Bedürfnisse unserer physischen Existenz und hineingedrängt in die sogenannten irdischen Forderungen, verpassen wir, auf die geistige Funktion unseres eigenen Wesens und auf die geistigen Triebkräfte hinter den Ereignissen beobachtend aufmerksam zu werden.

Hier ist es am Platz, eine kleine, von Buber erzählte chassidische Anekdote einzufügen: »Durch Rabbi Nachman von Bratzlaw ist uns dieser Spruch seines Urgroßvaters, des Baalschemtow, überliefert: Wehe, die Welt ist voll gewaltiger Lichter und Geheimnisse, und der Mensch verstellt sie sich mit seiner kleinen Hand.«

Überwinden wir durch ständiges Üben diese Schwierigkeit, so erfahren wir, daß unser Geist nicht identisch ist mit unserem Erdkörper und unsere Handlungen nicht lediglich bestimmt werden müssen von den Umwelteinflüssen. Daß im Gegenteil diese Faktoren Störungselemente sind, gegen die sich unser Geist durchsetzen sollte. Genauer gesagt, die durch unseren autonomen Geist »modifiziert« werden sollten.

Aus einem anderen Alltagsbeispiel wollen wir weiteres über das Verhältnis von Körper und Geist erfahren. Wir haben uns die rechte Hand verletzt. Unser Geist ist dadurch nicht beschnitten. Im Gegenteil, unsere Erfindungskraft, die ja geistiger Natur ist, kommt in Tätigkeit. Diese ersetzt das ausfallende »Werkzeug« durch andere Möglichkeiten, z. B. die linke Hand, ja sogar mit Zuhilfenahme des Mundes, oder anderem. Wir erfahren die Überlegenheit unseres Geistes gegenüber dem Körper als Offenbarungswerkzeug und die Führungsrolle des Geistes gegenüber dem Körper.

Diese Erfahrung macht ja jeder Akrobat und Tänzer. Er trainiert durch seinen Willen den Körper, damit er seinen vorgesetzten Zielen weniger »Widerstand« entgegensetzt. Die Medizin kann sich heute auch nicht mehr dieser Erfahrungstatsache entziehen und spricht von psychosomatischen Erscheinungen. Wichtig wäre, daß man diese Erfahrungen in sein Weltbild einordnet und zu der Erkenntnis kommt, daß der Mensch in *erster* Linie ein geistiges Wesen ist, daß sein Geist den Körper aufbaut und benutzt, mag das noch so weit im Hintergrund seines Tagesbewußtseins stehen. Für viele Menschen eine revolutionierende Erkenntnis, die weittragende Bedeutung haben sollte.

DAS STERBEN DES KÖRPERS UND DAS ERWACHEN DES GEISTES

Die Biologie spricht vom Stoffwechsel. Immer stirbt Stoff in unserem Körper und wird durch neuen ersetzt. Es heißt, in Siebenjahresepochen wird unser Körper völlig ausgewechselt. Kann uns diese Tatsache nicht aufwecken, um auch nach unserem Geist zu fragen? Unser Geburtskörper ist nach sieben Jahren völlig ausgeschieden, ist als tote Substanz von der Umgebung aufgenommen. Wer hat die neuen Substanzen belebt? – und diesen sogar neue Fähigkeiten einverleibt, z. B. dem Kind das Gleichgewicht in der Vertikalen, das zielbewußte Greifen, Abwehrmöglichkeiten, die physische Grundlage des Sprechens und vieles andere? Woher bezieht der neue, ausgewechselte Körper das Bewußtsein seiner Identität mit dem vorigen und die Identifikation des Gedächtnisses? Der Körper stirbt ständig, wird ausgeschieden. So kann es nur der Geist sein, der die neue Substanz belebt, denn er ist das Beständige und Belebende. Durch diese seine Tätigkeit erwacht der Mensch zu sich selbst.

Wir erfahren etwas Ähnliches, wenn wir durch eine schwere Krankheit völlig abmagern, einen Großteil unserer Substanz verlieren. Die Ich-Identität leidet nicht darunter, kommt im Gegenteil viel offener zum Vorschein. Man erkennt den wahren Charakter eines Menschen häufig erst, wenn er krank ist. Wenn nach eintretender Gesundung wieder das alte Gewicht erreicht ist (durch neue Substanz), ist der Mensch immer noch der selbe, möglicherweise sogar durch Leid und Erfahrung gereift. Im besten Fall spricht man dann von einem Wunder, ein Wort, dem man keinen weiteren Inhalt beimißt und so das ernste Nachdenken über eine solche Erfahrung begräbt. Wo stünden wir heute, wenn die Naturwissenschaftler mit solchen Schlagworten über die Phänomene der Natur hinweggingen? Wunder bleiben auch Wunder, werden sogar noch wunderbarer, wenn wir durch sie zu Erfahrungen des Geistes geführt werden und durch vorurteilsloses Nachdenken ihrem Aussagewert nachspüren.

WOHER KOMMEN DIE GEDANKEN?

Woher kommen uns die plötzlichen Einfälle? Wer gibt sie dem Gehirnapparat ein, damit dieser Transformator sie in Bewußtsein umwandeln kann? Wir beachten meist nur die Resultate und nehmen solche Wunder gedankenlos als Selbstverständlichkeiten.

Jeder kennt das quälende Gefühl, wenn er einen ihm wichtigen Namen vergessen hat. Wir rufen ihn dann unhörbar so, wie wir einen Menschen rufen, der in einem anderen Zimmer sitzt. Es dauert eine Zeit, bis der bittende Geist den geformten Geist-Namen erreicht. Ist unsere Bitte stark genug, tritt das verlorene unsichtbare

Wort als »Einfall« in unser Bewußtsein, oft sogar, während wir schon mit anderem beschäftigt sind. Eine außerordentliche, wenn auch alltägliche Beobachtung, die uns viel sagen kann. Dies allerdings nur, wenn wir nicht dem materialistischen Vorurteil verfallen, alles der materiellen Gehirnzelle zuzuschieben, deren Funktion selbst dem Neurologen nicht durchschaubar ist. Das physische Gehirn hat in dem beschriebenen Vorgang allenfalls die Rolle eines für uns noch undurchschauten Transformators. Das Konkrete, das wir beobachten, ist jedenfalls der Geist, in diesem Fall in uns selbst. Vernünftiges Nachdenken kann darauf kommen, daß wir als Geistmenschen weit mehr sind, als unser Bewußtsein im Augenblick umfaßt. Dies sogar in noch weit größerem Ausmaß als im Falle unserer physischen Existenz, die durch Nahrungsaufnahme, Stoffwechsel und Atmung auch über ihre physischen Grenzen hinausgreift. Stellen wir die Verbindung zu unserem unterbewußten Geistteil willentlich oder durch Sehnsucht her, kommen aus ihm Einfälle und Erinnerungen. Neu-Einfälle deshalb, weil unser unterbewußter Geistteil Verbindung zu noch höheren Geistsphären hat. Dem Hebräer, der für »Geist« das Wort *Ruach*, »Wind«, übersetzt, ist das nicht schwer verständlich.

Wäre es nicht sehr eigenartig, wenn ich fragen würde, was ein Tisch sei, wenn ich vor ihm säße und schriebe, oder vom gedeckten Tisch äße? In der Benützung und durch die Benützung weiß ich, was ein Tisch ist. Sollte es nicht mit den Gedanken dasselbe sein? Ich organisiere mir in Gedanken den nächsten Tag. Ordne meine Pflichten und Wünsche in vorgestelltem Zeit-Raum des morgigen Tags. Dieser kommt, ich habe richtig gedacht, die Einordnung kann planmäßig »verwirklicht« werden. Hineinverwirkt, wie es das Wort aussagt, zu einer zweifachen Einheit. Ich *erfahre* durch Benutzung und Verwirklichung, was Gedanken sind. Die Erfahrung spricht es aus. Ich bin es ja, der die Gedanken »spinnt«, verarbeitet und ver»wirklicht«. Und gleichzeitig bin ich auch als Beobachter dabei gegenwärtig. Alles hat sich in mir abgewickelt, selbst das praktische Einordnen in die äußeren Gegebenheiten ist meine Gedankentat.

Zu diesem, sozusagen mechanischen Teil der Gedanken kommt noch etwas Neues hinzu, das nicht durch das Überschauen und das gedankliche Einpassen in den kausalen Prozeß hervorgerufen wird. Es kommt aus einer anderen Quelle, über die ich in Freiheit verfüge. Es sind die moralischen Gedanken. Diesen entsprechend kann ich den mechanischen Ablauf meiner Gedanken und deren Verwirklichung verändern, d. h. modifizieren. Diese Gedanken kommen aus meinem eigenständigen Gewissen, das ganz allein ich kenne (oder kennen sollte) und für das ich mir gegenüber selbst verantwortlich bin. Jeder kann nur durch Eigenbeobachtung erfahren, wie und wodurch diese Gedanken zustandekommen und was sie ihm und der Welt bedeuten. Auch in ihnen liegt die Tendenz zur Verwirklichung.

GEIST ERKENNT GEIST

Wir begegnen überraschend einem lange nicht gesehenen Freund. Spontanes Wiedererkennen. Welche Geistes»gegenwart« spricht sich da aus! Wir erkennen ihn, obwohl er sich äußerlich recht erheblich verändert hat. Tausend sinnliche Einzelheiten und Erinnerungsbilder faßt man in Sekundenschnelle im Wiedererkennen zusammen, sogar die Erinnerung des Namens. Oder ist es gar nicht unser physischer Sehorganismus, der den Freund erkennt, noch bevor das Auge die Einzelheiten registriert, kombiniert und mit dem (auch im Geist ruhenden) Erinnerungsbild vergleicht? Das leuchtete jedenfalls dem gesunden Menschenverstand eher ein. Geist erkennt Geist. Erst dann beginnen die Sinnesorgane äußere Einzelheiten wahrzunehmen. Sicher gab es auch einen physisch-sichtbaren Anhaltspunkt, der die geistige Assoziation in Bewegung brachte, aber der Hauptanteil am Erkennen liegt im Geist.

Wie seltsam ist es, daß wir uns durch Gespräche, Gesten, Geschriebenes verstehen. Wer kann ernstlich glauben, daß es die Luftschwingungen oder die Schriftzeichen sind, die das Verstehen hervorrufen. Das sind zwar sichtbare Symbole, die aber auch vom Geist gebildet sind und vom Geist verstanden werden. Sie sind ja auch in den Medien und Formen austauschbar. Geist versteht den Geist über die Brücke kleiner symbolischer Zeichen, die sich der Geist erfunden hat. Von physischer Gesetzmäßigkeit aus gesehen sind das Wunder. Das Wunder wird nicht aufgehoben, wenn man erkennt, daß sich da Geist mit Geist begegnet, es eröffnet einem aber das Tor zum Verständnis, daß es im Geist andere Gesetze gibt als in der physischen Erscheinungswelt. Dadurch wird auch unser Glaube vom Haften an physischer Gesetzmäßigkeit befreit und spiritualisiert. Das bringt uns dem näher, der an uns glaubt: unser Schöpfer. Ein solcher Glaube kann nicht aus irdischer Gesetzmäßigkeit erwachsen. Das Höchste, was aus dieser entstehen kann, ist in dem geflügelten Wort ausgedrückt: Mißtraue, aber gebe Ehre!, während das Eintreten in die Geistgesetzlichkeit einem die Erfüllung der biblischen Forderung möglich macht: Liebe deinen Nächsten wie dich selbst.

Es kommt darauf an, dem geistigen Geschehen die ihm gebührende Aufmerksamkeit zu schenken; seine

Aussagekraft zu bemerken und zu verarbeiten und dann in sein Weltbild einzufügen, oder besser noch, sein Weltbild danach zu orientieren. Die Naturwissenschaft steht ratlos vor vielen Phänomenen, insbesondere vor dem Phänomen des Bewußtseins und dem Übertragen desselben von Geist zu Geist im Gespräch. Man untersucht zwar soweit wie möglich das, was im Gehirn dabei vorsichgeht, erfährt aber dadurch eben nur gewisse Vorgänge in dem Transformator, dem kleinsten Teil des ganzen Geschehens, dessen Bedeutung damit nicht herabgesetzt zu werden braucht. Was durch solche Forschung nicht erklärt werden kann, wird durch Hypothesen erklärt, die aber nichts anderes sind als Glaube, der sich an der irdischen Gesetzmäßigkeit orientiert. Dieser ist es, der heute als Weltbild unserer Zivilisation zugrunde liegt. Aus diesem bezieht man die sozialen Baugesetze. Erst wenn wir, unserer eigenen Geistigkeit bewußt, mit durch Übung geschulten Geistorganen sehend, erfahrend in den Gesetzesbezirk des Geistes eintreten, erkennen wir, daß in ihm ganz andere Baugesetze Geltung haben als auf der physischen Ebene. Diese mit derselben Gewissenhaftigkeit zu studieren, wie es die heutige Naturwissenschaft mit ihren Mitteln tut, ist die Aufgabe, die einer echten Geisteswissenschaft bevorsteht.

DER WEG

Der erste Schritt ist, unsere Aufmerksamkeit auf den Geist zu richten und seine hervorragende Führerrolle zu erkennen. Haben wir dafür einen Blick gewonnen, beginnt er sich auch als führende Realität unseres eigenen Lebens auszusprechen. Wir bekommen ihn immer mehr in unser geistiges Blickfeld. Das bedeutet schon eine wahre spirituelle Revolution. Er wird uns zu neuen und bedeutsamen Kontakten führen und von innerer Einsamkeit erlösen. Wir entdecken immer mehr den Adel unseres Menschseins. Wer sich gleichgültig gegenüber dem Geist durchs Leben windet, verliert seine wahre menschliche Identität, wird egozentrisch, fühlt sich leer und unbefriedigt, wird mürrisch, unsozial und altert früh. Er fühlt sich von undurchschaubaren Mächten manipuliert. Das erzeugt in ihm bohrende Angstkomplexe. Seine Handlungen sind nicht frei, sondern im Grunde nur Reaktionen. Er füllt seine Leere durch sogenanntes Lernen mit den Gedanken anderer und mit unkontrollierten Informationen, in denen unbemerkt vorgeprägte Urteile suggestiv auf ihn wirken.

Gedanken, die sich der Materie und ihren Gesetzen unterordnen, sind dem Gesetz des Kampfes ums Dasein und der ständigen Konkurrenz unterworfen. Man braucht, um überhaupt das Leben zu ertragen, ständig das Lob anderer. Im Gemüt können sie *Vergnügen* erregen, aber nur, wenn man Sieger ist. Sonst bringen sie Leid und Depression. Um dem zu entgehen, steigern sie sich zur Vergnügungssucht. Gedanken aber, die sich am lebendigen Geist der Welt orientieren, ordnen sich ein in die Gesetze der Moral. Sie erzeugen im Seelischen *Freude*. Diese ist nicht äußeren Einflüssen unterworfen, sondern erlebt und freut sich am eigenen Tun.

DENKANSTÖSSE

WAS IST DENKEN?

Essend nehmen wir Stoffe der Umwelt auf. Trotz Kenntnis des chemischen Prozesses ein rätselhafter Vorgang. Denn wodurch verwandelt sich die stoffliche Substanz in menschliche (oder tierische) Lebenskraft? Eine Frage für Geisteswissenschaftler. Ungeschulter Vernunft ist es ein Geheimnis, ein Wunder, dem wir immer wieder von neuem mit Ehrfurcht und Dankbarkeit begegnen sollten.

Im Denken verdauen wir den Geist. Doch wo kommt er her? Öffnen wir uns den Gedanken, so werden wir von ihnen gespeist. Wir sind da vergleichsweise in der Situation des Vogelkükens. Der Hunger öffnet ihm den Schnabel, und Vater und Mutter bringen ihm das Futter. Gibt es für unseren Geisthunger auch unsichtbare Eltern, die uns die Gedanken bringen? Und woher nehmen sie diese? Hier liegt das Geheimnis für uns Menschen. Wenn wir *dieses* Wunder unbemerkt als Alltäglichkeiten hinnehmen, verfehlen wir die Pflicht der Dankbarkeit. Beim entwickelten Menschen ist dagegen das geistige Verdauen, das Denken, schon bis zu einem gewissen Maß bewußt. Je mehr wir uns selbständig zu denken bemühen, um so stärker wird unsere geistige Lebenskraft. Das Be-schauen, Durch-schauen und Verarbeiten solcher Erfahrungen gibt nützliche Denkanstöße und erregt fruchtbare Assoziationen. Es sind Übungen, die uns aufrütteln, bewußter, lebendiger und freudiger machen.

Je weiter sich der Kreis unserer Assoziationen beim Denken ausdehnt, um so wacher werden wir. Und gerade auf das Wach-werden kommt es beim Denken an. Vielleicht kann dem einen oder anderen die Zahlenweisheit des hebräischen Wortes für »denken« hilfreiche Anregung geben. Nur so sei das Folgende verstanden.

Chaschab, 8 — 300 — 2 = 310, denken.

310 haben folgende hebräischen Worte:

Rek, leer (Sich leermachen zum Aufnehmen von Gedanken)

Jesch, es gibt (Vertrauen, daß es ein Gedankenreich gibt)

Jakar, teuer (Das Denken als Adel unseres Menschseins ist uns teuer)

Schai, Geschenk (Wir produzieren keine Gedanken, sondern sie werden uns geschenkt)

Bachasch, mischen (also Assoziationen — die erste Funktion des Denkens)

Schabach, loben (Wir loben, preisen und danken Gott, daß er uns zu einem Gedankenwesen geschaffen hat)

Das sind keine »wissenschaftlichen« Methoden, sie machen uns aber innerlich lebendig für weitere *Einfälle* aus dem geheimnisvollen Bereich des uns noch Unbekannten.

NATURERFAHRUNG

Die Sinnesorgane berichten uns von Natur-Tatsachen; die Geistorgane über Natur-Vorgänge.

Ein Beispiel: Wir liegen auf einer Wiese und beobachten, wie von einem Obstbaum ein Apfel zur Erde fällt. Unsere Körpersinne registrieren diese Natur-Tatsache, und der sich ihnen unterstellende Verstand verarbeitet sie im Sinne kausalen Zweckdenkens.

Anderes erlebt und sieht das schon etwas durch Übung geschulte innere Auge. Es erfährt diesen Vorgang mit. *Miterfahren* — ein ungebräuchliches Wort, aber es sagt am präzisesten aus, was hier gemeint ist. Das Miterleben ist erst der Empfindungseinstieg zum Miterfahren. Also, der äußere Vorgang wird innerlich miterfahren und auf diese Weise mit-erkannt. In Stichworten: Die Anziehungskraft der Erde, das Verwurzeltsein in ihr, das Wachsen zum Licht hinauf und in die Weite. Das Ansetzen der Blätter, das Knospen, Blühen, Fruchten und Reifen. All das als ein innerliches Mitmachen der lebendigen Prozesse, kein Verharren auf toten Tatsachen, die es ja in Wirklichkeit in der stets lebendigen Natur gar nicht gibt. Ein solches Mitmachen erweckt in der Seele ein reiches Leben innerer Assoziationen zu selbst Erfahrenem.

Langsam erweitert sich so der innere Blick zu immer größerer Ganzheitserkenntnis. Man erfährt die geistigen Schöpferkräfte der Sonne, des Lichtes, des Wassers, des Windes, der Erde. Man bestaunt die unvorstellbare Intelligenz des Bauplanes der Welt, der sich durch eine nicht versiegende Phantasie an Schönheit offenbart, ohne das Prinzip der Logik und der Nützlichkeit zu vernachlässigen. Die Seele wird ergriffen vom Geist des Unoffenbaren, der nicht über, sondern *in* allem Naturgeschehen waltet. Wir lösen uns mehr und mehr von der kindlichen Vor-stellung eines räumlich-zeitlichen Gottes, die viel tiefer in uns verwurzelt ist, als wir es uns einzugestehen wagen. Gott beginnt in unseren Erfahrungen zu leben ohne die Notwendigkeit und das Bedürfnis, ihn uns vorzustellen. Er offenbart sich uns in unserem eigenen geistigen Wachstum.

WELTGESTALTENDER GEIST

Wollen wir dem weltgestaltenden Geist in uns begegnen, so tritt er in unser Bewußtsein zunächst als Gedankenleben. Wobei wir in diesem Bereich noch nicht an die offenbarten Gedanken denken dürfen, denn diese sind schon von Vorstellungen geprägt, sondern an die reine »Kraft«, Gedanken bilden zu können. Um uns eine Ahnung davon zu verschaffen, was damit gemeint ist, stellen wir uns einen hoch intelligenten (nicht intellektuellen!) Menschen vor. Der Ausdruck seines Gesichtes, seine Gesten, die Art, *wie* er spricht, ja die ganze Atmosphäre, die er ausstrahlt, gibt uns die Gewißheit, einen vom Geist erfüllten Menschen vor uns zu haben, selbst ohne zu wissen, auf welchem Gebiet seine spezifischen Kenntnisse liegen. Wir sprechen also ganz allgemein von einem geistvollen Menschen. Es ist hier nicht von vielem Wissen die Rede, sondern von dem Erlebnis einer Geistsubstanz, aus der Wissen in Erscheinung tritt, wenn sie sich mit Offenbartem verbindet. *Chochma,* üblicherweise mit »Weisheit« übersetzt, ist also eine »Kraft«, die die Möglichkeit gibt, Erkenntnisse zu gewinnen und sie zu Wissen zu gestalten, d. h. in Gedanken zu formulieren.

Weisheit wäre aber keine Weisheit, wenn mit ihr nicht Vorstellungs-»Kraft« verbunden wäre. Auch diese wird erst dann bemerkt, wenn sie sich mit irdisch Offenbartem verbindet, besser: Formulierungen oder Bilder ausstrahlt. Als »Kraft« steht sie hinter diesen Formulierungen und Bildern als Voraussetzung ihres Zustandekommens. Man kann sie auch mit einem gewissen Recht die »reine Kraft des Glaubens« nennen. Dieser Glaube verhält sich zur Weisheit passiv-empfangend, wird aber im Bilden von Vorstellungen aktiv.

Ist der Glaube so stark, daß er es wagt, die Weisheit zu formen und sie in differenzierten Vorstellungen oder Bildern auszustrahlen, wird ein neues Zentrum geschaffen, das man zu Recht »Schönheit« nennt, Schönheit als qualitative »Kraft«. Schönheit ist eine mit Hoffnung geschwängerte, zur Vorstellungsform gereifte Weisheit. Hier beginnt erst, was vom Menschen als bewußte seelische Kraft gehandhabt werden kann. Nach der Seite von *Chochma* wird es zur künstlerischen oder symbolschaffenden Weisheitsoffenbarung, nach der anderen Seite, der Seite des Verständnisses, kommt es zu gedanklichen Formulierungen von (wissenschaftlichen) Erkenntnissen. Vom Zentrum der Schönheit strahlt der in Vertrauen und Hoffnung umgewandelte Glaube. *Vertrauen* kommt aus einer ständig fließenden Rückverbindung nach oben zum Ursprung. *Hoffnung* bedeutet: Im Hinblick auf sich selbst sinnvolle und erreichbare Ziele stellen zu können oder solche erkennend zu akzeptieren. Das wäre auf der vertikalen Ebene. Auf der Horizontalen wendet Vertrauen sich zur Gnade der Offenbarung und Hoffnung zur Erkenntnis der in uns liegenden Gesetzlichkeit. Die Zirkulation von Schönheit - Gnade - Selbsterkenntnis erfüllt das seelische Gebiet des Menschen. Das Vertrauen in die Gnade verdichtet sich zum Optimismus, trotz Niederlagen den Sieg über sich zu erringen. Die Hoffnung bildet im Menschen die Würde, den Adel, im Einklang mit den göttlichen Gesetzen zu stehen. Beides, der Siegesoptimismus und das Erleben seiner göttlichen Würde, vereinigt sich und bildet die Grundlage unseres Wesens, die uns befähigt, das Königreich Gottes zu verwirklichen.

JÜDISCHE GEISTESWISSENSCHAFT

Jeder, der Einblick in die *Kabbala*, die jüdische Geisteswissenschaft hat, weiß, daß dieser hier beschriebene »weltgestaltende Geist« in der Glyphe des *Ez ha sefirot*, gewöhnlich »Lebensbaum« genannt, symbolisiert ist. Wie schon wiederholt gesagt, muß dem Studium jeglicher Geisteswissenschaft — so auch der jüdischen — das elementare Erkennen des Geistes vorausgehen. Das Wahrnehmen des Geistes in unserer Umgebung und in uns, die Erfahrung seines Wirkens, muß erst im sogenannten Alltag an den, leider oft so genannten, Selbstverständlichkeiten geübt werden. Beginnt man, über diese Alltäglichkeiten zu staunen, ist man schon am Anfang des rechten Weges.

Die jüdische Weisheit zeigt, daß man im geistigen Aufstieg in jeweils vier höhere Bewußtseinsschichten gelangt, deren jede ihre spezifische Gesetzlichkeit hat. Jede dieser Schichten eröffnet dem Studierenden eine neue, höhere Perspektive der Bibel, die hier auch für die Welt steht.

Die erste, unterste Stufe auf diesem Weg wird *Pschat* genannt. Der Lernende nimmt nur die nackten Tatsachen, so wie sie geschildert werden, auf und läßt sie in ihrer »Einfachheit« auf sein Gemüt einwirken.

In der zweiten Stufe, *Remes*, ahnt der Lernende schon, daß die erzählten Tatsachen als »Andeutungen« eines tieferen Sinnes verstanden werden wollen.

In der dritten Stufe, *Drusch*, die besonders in den *Jeschivot*, den Lehrhäusern, gepflegt wird, versucht der Studierende durch assoziatives Arbeiten »Auslegungen« für diese Andeutungen zu finden, diese mit anderen auszutauschen und die der sogenannten *Chachamim*, der Weisen, vergangener und gegenwärtiger Zeiten zu studieren. Ebenfalls gehört zu dieser Stufe das Studium der »mündlichen Lehre«, des Talmud.

In der vierten Stufe, *Sod*, strebt er eine Einweihung an, die ihn in die Lage versetzt, direkter Erleuchtungen und Offenbarungen der in der Bibel (und damit in der Welt) verschlüsselten »Geheimnisse« gewürdigt zu werden. Er schult sich auf den 32 Pfaden des *Ez ha sefirot*.

Erfahrungen großer Mystiker auf diesen Wegen sind in der kabbalistischen Literatur zum Teil festgehalten, zum größten Teil aber nur mündlich von Lehrer zu Schüler überliefert.

Die Anfangsbuchstaben dieser vier Stufen-Wörter ergeben das Wort *P(a)RD(e)S*, »Obstgarten«, ein sehr treffendes Symbol für die Bibel und für die paradiesische Welt.

Schon aus dem Wenigen, was wir hier über jüdische Geisteswissenschaft bringen konnten, ist ersichtlich, welche bedeutende Rolle dabei das Studium der Bibel hat. Das tägliche Befolgen der Rituale ist weiterhin eine sehr wirksame Übungshilfe. Üben bedeutet ja ein ständiges rhythmisches Wiederholen. Dieses Wiederholen ist allerdings nur dann wirksam, wenigstens in heilsamer Weise, wenn es in geistiger Konzentration immer tiefer in den Sinn des ausgeführten Rituals eindringt. Im Judentum wird das durch das Wort *Dwekut*, Hingabe, Verbundenheit, ausgedrückt. Der Stamm dieses Wortes ist *Dewek*, binden, anhaften. Gemeint ist ein Sich-völliges-identifizieren mit dem tiefsten Sinn des Rituals. Auch das immer wiederholende Studium des *Tenach*, der Bibel, schließt sich nur dem langsam auf, der es im Sinne dieser inneren *Verbindung, Dwekut*, tut. Ein Studium, das sich auf Anhäufung biblischen Wissens richtet, erreicht da wenig. Ebenfalls wird der wenig erreichen, der sich *nur* auf den nationalen oder völkischen Rahmen beschränkt. Die Aussagen der Bibel müssen in immer weitere menschliche, ja nach und nach kosmische Perspektiven münden, sonst bleiben sie *Pschat*, also gemäß der untersten Stufe des Bewußtseins.

Es gehört ein gewisser Mut dazu, selbständig durch eigenes Erleben und Denken in das Verständnis verschlüsselter Bibelstellen einzudringen, ohne die Auslegungen der *Chachamim* zu benutzen. Es lohnt jedoch die Mühe und das Risiko. Es hilft einem zur Steigerung der Aufmerksamkeit und der Lebendigkeit des Denkens. Die Stärkung der geistigen »Kräfte« ist ja letzten Endes das Ziel jeglichen Bemühens.

Als Beispiel einer zwar gewagten aber freien Interpretation einer Bibelstelle wählen wir 1 Mose 32, 24—32, Jaakobs Kampf mit dem »Engel«, wie die übliche Übersetzung lautet. Im hebräischen Text ist von keinem »Engel« die Rede, sondern von einem *Isch*. Wörtlich müßte man dieses Wort als »Mann« übersetzen. Es klingt an ein anderes Wort an, *Enosch*, das »Mensch« heißt. (Es kommt uns dazu noch eine ganz häretische Assoziation zu dem deutschen Wort »Ich«.) Der Zahlenwert des Namens Jaakob, 182, bringt uns auf die Spur der Vermutung, daß es sich bei diesem »Kampf« um ein inneres Erlebnis in der Seele Jaakobs handelt, denn 182 ist auch der Zahlenwert des Wortes *Biphnim*, »im Inneren«. Der Kampf geschieht in der Nacht. Normalerweise hat der Mensch im Schlaf kein klares Bewußtsein seines Ichs. Der vegetative Teil des Menschen liegt unbewußt im Bett, während das höhere Ich mit der göttlich-geistigen Welt, ebenfalls seiner selbst unbewußt, verbunden ist. Jaakob kämpft gegen das ins Unterbewußte Sinken seines *Ichs*, seines Selbst an. Er will sein höheres Ich bewußt in der geistigen Welt erleben. Das höhere Ich, von dem er weiß, daß es im Bilde Gottes erschaffen wurde. Er trägt den Sieg davon und erhält deshalb den ihm zukommenden Namen »Israel«, der nichts anderes ist als die Zusammenziehung zweier Worte: *Jaschar - El*, übersetzt: direkte Gottverbundenheit (ohne Vermittler). Der Segen kommt ihm aus dem bewußten Erkennen seiner eigenen höchsten Geistgestalt. Darum nennt er den Ort des Geschehens *Paniel*

186

und begründet diesen Namen mit den Worten: »Ich habe Gott (also sich selbst als Ebenbild Gottes) von Angesicht gesehen und meine Seele ist genesen.« Sein höheres Bewußtsein berührt ihn an der Hüfte, der Nahtstelle zwischen Unter- und Oberwußtsein. Er kehrt aber in das irdische Bewußtsein zurück. Seither aber hinkt er zwischen Tages- und Nachtbewußtsein. Dieses Hinken zwischen Gottes- und Erdenbewußtsein kommt dann deutlich in der Geschichte seiner Nachkommen zum Ausdruck. Trotzdem ist diese *direkte* Beziehung des Menschen zu seinem höchsten Ich, aus dem ihm die Initiative seines *moralischen* Handelns zuströmt, eine hohe Stufe der geistigen Erfahrung. Wer sie erreicht, gleichgültig welcher Rasse, Nation oder Religion, *ist* ein *Israel.* Ein solcher Mensch hat den Messias in seinem eigenen Ich erlebt, die *Schechinah*, wie es im Judentum heißt. Die bisher dunkle Hoffnung auf Erlösung ist dem Israel nach dem Kampf durch seine direkte Beziehung zu seinem Schöpfer ein klares Wissen geworden, und so sagt Jaakob mit Recht: »Meine Seele ist genesen.«

Der Weg von einer »Geistspekulation« über ein »Geistahnen« zu einer »Geisterfahrung« muß, wie diese Geschichte der Bibel zeigt, errungen werden. Das ist nicht leicht, ist aber die höchste Bestimmung des Menschen. Jeder von uns ist auf dem Weg dorthin, auf welcher Station er sich auch im Augenblick befinden mag. Solange er den Weg noch nicht als »bewußter Israel« zu gehen vermag, wird er durch Schicksalsschläge angetrieben, oder besser, durch die Liebe Gottes.

VERBILDLICHUNG DES GEISTES

Unbemerkt und ungewollt verfällt selbst der in der Erkenntnis schon Fortgeschrittene immer wieder in zeiträumliche Vorstellungen geistig-religiöser Aussagen. Dies ist nicht nur verständlich, sondern für den weiteren Aufstieg des Menschen eine nicht zu überspringende Station. Sie ist jedoch nur hilfreich, wenn die Ausrichtung auf das Unvorstellbare nicht verlorengeht und man sich über den symbolischen Charakter im klaren ist. Im zweiten »Wort« (2 Mose 20, 4) lesen wir: *Lo taas eh lecha pesel we eol temunal*, »Du sollst dir keine Statue und kein Bild machen«. Vertieft man sich in dieses Ge- oder Verbot, so versteht man, warum dies an den Anfang der Zehn »Worte« gestellt wurde. Eine Statue als Geistsymbol *ist Pasul*, d. h. ungültig.

Wer sich dem Verständnis des Geistes nähern will, muß wissen, daß der Geist »lebendig« ist. Man schaue mit realistischem Blick auf die Natur, die Offenbarung Gottes. Nichts Festes werden wir da finden, es gibt in ihr nichts Endgültiges, nichts, zu dem man sagen kann: »So *ist* es«, denn im nächsten Moment hat es sich schon verändert; entweder in Richtung des Wachstums oder des Absterbens. Wir verstehen jetzt auch, warum das unaussprechliche hebräische Wort für »der Herr« aus den drei Buchstaben $H - W - H$ gebildet ist, da sie als Wort übersetzt »Gegenwart« heißen. Gegenwart als etwas Festes, Endgültiges gibt es nicht. Gegenwart ist der unsichtbare Punkt zwischen der absterbenden Vergangenheit und der kommenden Zukunft. Er liegt als einzige Realität allem zugrunde und ist doch nirgends. Wer diesen Punkt sichtbar machen oder festhalten wollte, indem er sagt: »Hier ist er«, würde den *Anti-Geist* gestalten und wäre damit ein Sünder.

Jede Wissenschaft, jede Weltanschauung, die glaubt, Endgültiges *fest*gestellt zu haben, die sagt: »Nur *das* ist wahr«, versündigt sich gegenüber dem lebendigen Geist. Jede Religion, deren Rituale zu Dogmen geworden sind, ist dem Götzendienst verfallen. Das muß jeder wahre Geistesschüler und Geistessucher tief in seine Seele aufnehmen. Es ist für den irdischen Menschen ungeheuer schwer, fast unmöglich, dies in seiner vollen Bedeutung zu realisieren.

Darum hat Gott in seiner Weisheit uns etwas vor Augen geführt, das dieser unserer Schwäche gnadenvoll Rechnung trägt. Die Bibel selber benutzt es an vielen Stellen als gültiges Symbol des Geistes. Es ist das Bild der *Wolke* am Himmel. Sie ist zu sehen, aber sie ist vom *Ruach*, Geist, Wind, ständig bewegt. Sie hat zwar Form, aber eine ständig bewegte. Eben hatte sie die Form eines Riesen, jetzt ist sie wie ein Löwe, aber schon verwandelt sie sich in einen Adler. Kein Auge kann sie in der Form nur einen Augenblick festhalten.

Wer in echter Weise von Geisteswissenschaft sprechen will, muß solche Bilder tief in sich aufgenommen haben. Was er uns aus seiner geistigen Schau mitteilen will, muß so plastisch *und* bewegt gegeben werden wie die vom *Ruach* bewegte Wolke. Und nur der ist ein echter Geistesschüler, der die aufgenommene Weisheit in seinem Geist und Herzen bewegt. Jedes Erstarren in festgelegten Formeln führt zur Sünde. Geisteswissenschaft muß eine lebendige Wissenschaft sein, deren Ziel es ist, Weisheit aus der bewegten Wolke wie fruchtbaren Regen in die Seele des Schülers zu träufeln.

EINSTIEG IN DIE GEISTESWISSENSCHAFT

Mancher wird erstaunt sein zu hören, daß Mathematik als die erste Stufe einer Geisteswissenschaft gilt. Das wird verständlich, wenn man sich klar wird, daß die dabei benutzten Symbole keine gegenständliche Grundlage haben, sondern gedacht sind. Sie entsprechen somit dem Gesetz, daß nur das Höhere das unter ihm Gelegene erklären kann. In solcher Weise benutzt ja der Mensch die Mathematik. Aus der Wolke kommt der Regen, der sich zu Schnee, Hagel und Eis verdichten kann. In solch einem dynamischen Verhältnis zum Irdischen muß man auch die Mathematik sehen.

Man denke an den Punkt, die Grundlage jeglicher Geometrie. Einen physisch-sichtbaren Punkt gibt es nicht. Der ideelle Punkt ist nichts Räumliches. Er deutet auf eine Position im Raum, aber auch im Geist. Man spricht von einem »Standpunkt«, den ein Mensch vertritt. Ja, in den höchsten Gebieten der Geisteswissenschaft wird Gott als der Ur-Punkt bezeichnet. Jede Einweihung beginnt mit der Übung, sich auf einen gedachten Punkt zu konzentrieren.

Eine »Linie« ist ebenfalls etwas Gedachtes. Sie ist die Verbindung zweier (Stand-)Punkte polarer Lage. Sie besteht aus einer Unzahl von Punkten, also aus unzählbaren Positionen. So sagt man z. B.: Mein Gesprächspartner liegt nicht auf meiner Linie, er geht krumme Wege, oder er ist seiner Linie untreu geworden. Nur zum Zweck der Verlebendigung unserer Assoziationen wollen wir wieder auf die Zahlenwerte schauen. Das Wort im Hebräischen für Linie ist *Kaw*, im Zahlenwert *106*. Die Zahl verweist auf das uns schon bekannte Wort *Dewek* (106), das Grundwort von *Dwekut*, die höchste direkte Verbindung zwischen Mensch und Gott. Auf dieser Verbindungslinie dieser zwei polaren Punkte können wir uns alle nur möglichen Punkte denken, so wie der göttliche Urpunkt alle nur möglichen Positionen in sich faßt. So gesehen ist Gott in jeder geometrischen Aktivität allgegenwärtig, oder, um eine andere Formulierung zu benutzen, im geometrischen Denken des Menschen wirkt der allumfasende Geist.

Ein Kreis, eine Wellenlinie, ein Drei-, Vier-, Fünf-
oder Sechseck, mit denen wir geometrisch arbeiten, sind
in Wirklichkeit höchste geistige Symbole. Im Abstieg zu
irdischem Gebrauch verfinstert sich zunehmend ihre geistige Urständigkeit und innere Beweglichkeit.

Nicht anders ist es mit den Zahlen. Aus »Eins« gehen
durch »Teilung« alle Zahlen hervor. So sagt das *Schmah*-
Gebet: »Der Herr ist Eins«. Eins, hebräisch *Echad*, hat
den Zahlenwert 13, wie *Ahabah*, Liebe. So »teilt« Gott
uns durch seine Liebe alle Zahlen mit. Das erweckt in
uns die schöne Assoziation, die ganze Welt ist eine Er-
»zählung« Gottes, und die lebendige Mathematik kann
zum Symbol dieser Erzählung werden.

QUALITÄT

Ein weiteres Gebiet der Geisteswissenschaft ist die
Erforschung der Qualitäten. Wir Menschen sind heute
weitgehend ins Materielle hineinmanipuliert. So durchschauen wir nicht, daß sich dem menschlichen Geist jeg-
liches Materielle als Nicht-materielles offenbart, das heißt
als »reine Eigenschaft«. Wir erforschen und beschreiben
jeden Gegenstand ja nur auf seine Eigenschaften hin.
Physik und Chemie erkennen nur Eigenschaften und
ihr sympathisches und antipathisches gegenseitiges Verhalten. Ja, unsere Sinnesorgane sind nur dazu veranlagt,
die Eigenschaften der Welt aufzunehmen, die dann von
unserem Geist registriert, systematisiert und in raum-
zeitliche Vorstellungen verwandelt werden. Es wäre
ungeheuer fördernd, wenn wir unausgefüllte Stunden
des Alltags dazu verwendeten, willentlich und bewußt
über das Wesen der Qualität nachzudenken. Anregen-
des Beobachtungsmaterial findet sich ja in jeder Situation.

Am reinsten kommt uns die Qualität in Farbe und

Ton entgegen, oder aber in harmonischer Kombination von Form, Farbe und Ton. Zum Beispiel durch Kunstwerke, oder auch besonders eindrucksvolle Naturerscheinungen, wie der Storchenzug am blauen Himmel, oder der äsende Hirsch in freier Natur. Solche Sternstundenerlebnisse wirken unmittelbar auf unser Gemüt und erwecken schöpferische Gedanken.

In solchen Momenten werden wir uns des göttlichen Ursprungs der Qualität bewußt. Davon erzählt uns der Zahlenwert des hebräischen Wortes für Qualität, *Tiv*, besonders Eindrucksvolles. *Tiv* hat den Zahlenwert 21, und das ist derselbe wie der von *Eheje*, Sein Name, den Gott dem Mose am Dornbusch offenbart (2. Mose 3, 14). Übersetzen müssen wir dies heilige Wort mit »Ich werde sein«. Es weist also geheimnisvoll auch schon auf den Messias hin, also in eine Zeit, in der sich alles Sein in harmonische Qualität gewandelt haben wird. Wir können wir am gültigsten das Wesen der Qualität formulieren? Sie ist die raum-zeitlose Eigenschaft der Offenbarung.

Die Beschreibung eines Gegenstandes ist in Wirklichkeit eine Zusammenfassung von Qualitäten, die wir in gegenständliche Vorstellung verwandeln.

DIE VIER SPHÄREN (WELTEN)

Echte Geisteswissenschaft schließt uns erst auf, *was* eine »irdische Welt« ist. Dieser Ausdruck ist eigentlich schon irreführend, obwohl üblich. Es gibt im strengen Sinne nur *eine* Welt.

Die jüdische Geisteswissenschaft spricht von vier verschiedenen übereinander gelagerten Sphären. Jede wird nach anderen Gesetzen geleitet und bildet in sich einen vollständigen Lebensbaum mit seinen zehn Stationen,

Sefirot genannt. Der geistige Strom durchfließt von oben her alle zehn *Sefirot* jeder der übereinander gelagerten Bäume. Die jeweilige unterste *Sefira* gibt ihren überfließenden Kraftstrom, *Schefah* oder *Musaf* im Hebräischen, an die oberste *Sefira* des nächsten Baumes. So bildet sich alles Lebendige von oben nach unten.

Die Namen dieser vier Sphären sind von oben nach unten:

Azilut, Ausstrahlung, Kraft, Wesen, *Adel*

Bria, Schöpfung, Struktur, Offenbarung, Schaffung

Jezira, Gestaltung, Bewegung, Wirksamkeit, Kreation

Assia, Elemente und Handlungen, Form, *Werk*, Vergegenständlichung

(Die deutschen Namen stammen von verschiedenen Autoren; die wörtliche Übersetzung ist jeweils kursiv gedruckt.)

In den irdisch inkarnierten Menschen sind die Gesetze aller vier Stufen latent vorhanden. Er soll sie durch eigene innere Arbeit in Bewußtseinskräfte und Fähigkeiten verwandeln. Entwicklungsgeschichtlich gesehen ist der Ausgangspunkt der Menschheit in der Sphäre von *Azilut,* dem paradiesischen Sein. Von da aus wurde sie (nach der Ur-Sünde) auf den Wegen göttlicher Gnade heruntergeführt bis in den Bereich von *Assia,* den Bereich physischer Gesetzlichkeit. Ihr innerster Seelenkern aber blieb immer in der obersten Welt verankert.

Gott schenkte dem Menschen die Freiheit und damit die Möglichkeit, von innen nach außen bis in seine äußere Peripherie, die der irdischen Gesetzlichkeit unterstellt ist, sich selbst neu zu erbauen. Dadurch nicht nur Geschöpf, sondern ein sich selbst Gestaltender zu werden. Die unterste oder äußerste Sphäre, *Assia,* ist den Gesetzen der Schwere, der räumlichen Ausdehnung, der Zeitlichkeit, der Ursache und Wirkung, kurz den Gesetzen des Irdischen unterworfen. In dieser Welt lebt der heutige Mensch. Er kann sich, als zur Freiheit Gebildeter, entscheiden, ob er sich diesen Gesetzen unterwerfen will, oder ob er aus dem Bewußtsein seines höheren Seelenkerns sein irdisches Leben nach den Gesetzen der höheren Bereiche gestalten will. Die ihm gegebene Kraft, die dazu fähig ist, ist die *Moral*. Sie ist der innere Seelenkern, der ihn, wie der kabbalistische Ausdruck lautet, durch die mittlere Säule mit der höchsten *Sefira Keter*, Krone, verbindet. Moral kann die irdischen Gesetze im Sinne höherer Gesetzlichkeit modifizieren, verwandeln bzw. sie dem höheren Ziel-Willen unterordnen. Je stärker und höher sich die moralischen Kräfte im Menschen entwickeln, desto weiter und höher werden diese Kräfte umwandelnd wirken. Das uns zunächst vor Augen stehende Ziel ist erreicht, wenn durch die moralische Kraft der Liebe (der Gesetzlichkeit der höchsten Sphäre *Azilut*) die unterste Sphäre *Assia* in ein »Königreich« Gottes verwandelt wäre, oder, bildlich gesprochen, wenn der *Assia*-Baum aus der von oben her wirkenden Kraft gottgewollte Früchte trägt.

WIE OBEN SO UNTEN

Heute ist unser Erkenntnisvermögen noch lange nicht reif, um verstehend in die Gesetzlichkeit der oberen Sphären einzudringen. Mag sein, daß es einzelne hervorragende, gottbegnadete Menschen schon erreicht haben. Wir kennen aber das hermetische Gesetz, das besagt: Wie oben so unten. So begeben wir uns auf die Suche, den »Schattenwurf« des Höchsten auf unserer irdischen Erkenntnisstufe zu entdecken. Können wir aus unserer Alltagserfahrung die Verschiedenheiten übereinandergelagerter Gesetze entdecken?

Versuchen wir es. Beginnen wir mit der untersten Stufe: Wenn ein Mensch einem anderen z. B. Geld gibt, so wird der Geber dadurch ärmer und der Empfänger reicher. Das ist das Gesetz irdischer Ursache und Wirkung.

Steigt man zur Stufe des Seelischen, so erfahren wir das Geben und Nehmen unter einer anderen Gesetzlichkeit. »Gibt« der Mensch seine ganze Liebe, Aufmerksamkeit und Zeit z. B. der Erforschung der Natur, so wird er als Geber außerordentlich bereichert, das Objekt seiner Forschung verändert sich nicht, wird nicht reicher.

Auf der Stufe des Geistes erfahren wir wieder eine andere Gesetzlichkeit: Ist man z. B. ein wahrer Lehrer, übervoll von Weisheit und Wissen, und »gibt« man diese seinen Schülern, so wird der Lehrer als Geber *und* der Schüler als Empfangender reicher.

Erreichen wir die allerhöchste Stufe, den »Schattenwurf« von *Azilut*, so kann man überhaupt nicht mehr von Geben und Nehmen sprechen, sondern nur noch von einer Ausstrahlung des reinen Seins und dessen heilender Wirkung.

LEBEN UND TOD

Gibt es zwei Welten, die des Lebens und die des Nachtodlichen? Oder gibt es nur die diesseitige Welt, und wäre damit alles Sprechen von einer nachtodlichen Existenz reines Wunschdenken? Wer kann sich solchen Fragen entziehen? Sie bedrängen einen insbesondere, wenn es im Alltag nicht mehr klappt, wenn die irdische Logik brüskiert ist, wenn man z. B. das Sterben eines geliebten Menschen miterlebt. Was der Arzt einem über die Funktionsstörungen des Körpers erklärt, interessiert einen dann nicht, der Schmerz gilt dem »Leben« des

Verstorbenen. Wo ist der oder das, was vor kurzem noch völlig vernünftig, wie ein Gesunder, mit einem sprach?

Vielleicht *ver*-stellen wir uns selbst die Sicht durch unsere irdische Gewohnheit, uns immer etwas *vor*-stellen zu wollen? Auch unserem eigenen Geist stellen wir ein raum-zeitliches Denken, das sich aus irdischer Gesetzlichkeit bildet, *»vor«*! Schon die Frage: »Wo« ist der Geist des Toten? stammt aus raum-zeitlichem Denken. »Wo« war denn unser Geist, als wir gestern Abend eingeschlafen waren, und er dann frisch und gesund am nächsten Morgen wieder da war? Diese tagtägliche Erfahrung allein sollte schon die Behauptung der »Ungläubigen« entkräften: »Es ist noch niemand von ›dort‹ zurückgekommen«. Man kommt ja jeden Morgen von »*dort*« zurück!

Nicht an einem anderen »*Ort*« ist der Tote (und der Schlafende), sondern er steht unter einer anderen Gesetzlichkeit. Diese Gesetzlichkeit ist unserem irdischen Denken so fremd, daß wir ihr nicht folgen können. Doch jedes Kind kündet uns etwas vom Wesen dieser anderen Gesetze. Allerdings nur, solange es (noch) nicht durch unsere logisch-kausal prägende Erziehung diesen entfremdet ist. Sensible Menschen empfinden, daß das Kind aus einer »anderen«, aus einer göttlich-geistigen Sphäre kommt. Begnadete und aufmerksame Menschen können noch die Zeichensprache, den »Logos des Kindes« deuten. Wir können diesen »zarten Geist« in seinem langsamen Hineinwachsen in den sich nach und nach verdichtenden Körper beobachten. Wir können förmlich sehen, wie dieser sich immer mehr mit den Gesetzen des Irdischen auseinandersetzt, sie beobachtet und sie nach und nach zu handhaben lernt. Man beobachte nur, wie sich im kindlichen Spiel zwei verschiedene Gesetzlichkeiten berühren und langsam mischen. Würde das menschliche Leben nur von irdischer Gesetzmäßigkeit bestimmt, würde es auf der Höhe seiner Entwicklung ganz verhärten. Dem steht aber seine Geist-Seele entgegen, deren Tendenz es ist, das Irdische zu beleben und zu modifizieren. Nur das Höhere kann das unter ihm Stehende verwandeln.

Was ist das Ur-Gesetz der menschlichen Seele im Gegensatz zum Gesetz des Irdischen? Es ist das der Moral, das heißt der Liebe. Dieses untersteht nicht der irdischen Logik des raum-zeitlichen Denkens, dem Kausalen, der Konkurrenz, dem Kampf ums Dasein, dem Zweckprinzip. Wer beobachten kann, sieht im menschlichen Leben und in der sozialgeschichtlichen Entwicklung den Kampf zwischen diesen zwei polaren Gesetzlichkeiten. Im Kleinkind überwiegt noch das Unlogische der Liebe, der Liebe zum Spiel, zu den Tieren, den Blumen, zum Springen und Tanzen, zum Singen und Pfeifen und vielem anderen. Langsam bildet sich daraus das Gewissen als Träger der Moral. Es beginnt in jedem Menschen der tagtägliche Kampf zwischen Zweckdenken und Gewissen, meist nie endgültig in dieser oder jener Richtung entschieden. Die Funktion des Irdischen nach innen und nach außen in reine Liebe zu verwandeln, ist das letzte Ziel der menschlichen Geist-Seele.

Der Tod bedeutet eine Atempause in diesem Kampf, ein zeitweiliges Sichlösen von dieser Auseinandersetzung, so wie der nächtliche Schlaf eine Erholung und ein Kraftsammeln ist für die Anforderung des nächsten Tages.

Man versteht nicht das menschliche Leben, wenn man es nicht unter der Perspektive des Todes sieht. Das Gesetz der Körperwelt ist das Sterben. Alles Gestaltete verdirbt, wenn es nicht vom Geist gepflegt wird. Der Körper, besser die Materie des Körpers, ist im ständigen Absterben. In etwa sieben Jahren hat man durch Stoffwechsel einen neuen Körper, der wieder im Laufe der nächsten sieben Jahre stirbt und durch Neubildung ersetzt wird. Nur durch dieses fluktuierende Geschehen kann der Geist in die irdische Struktur eingreifen. Der Geist belebt und verwandelt ständig die neu aufgenommene Materie, erweckt sie zum Leben. Wir brauchen das Mysterium des Todes und der Auferstehung nicht nur auf sakrale Orte und Zeiten außer uns zu verlegen, es vollzieht sich ständig im irdischen Leben jedes Menschen. Es ist das Mysterium, dessen Mittelpunkt überall und dessen Umkreis nirgends ist. Es ist die Sphäre des Messias in jedem Menschen. Im *Ez ha Sefirot*, im Lebensbaum, ist es die mittlere *Sefira*, die sechste, *Tiferet*, Schönheit, Pracht. Am sechsten Tag wurde der Mensch als Ebenbild Gottes geschaffen. Sechs, im hebräischen *Schesch* zwei *Schin* — *Schin* ist der Symbolbuchstabe für Gott (*Schem*, Name) —: Gott und sein Ebenbild, der erlöste, endgültig zur Liebe auferstandene Mensch!

DIE STRUKTUR DER OBEREN SPHÄREN

Wir Menschen erleben heute die Erde mit der nur für diese geltenden Gesetzlichkeit, das heißt, raum-zeitlich. Wir sind ganz eingesponnen in deren Logik von Ursache und Wirkung, wobei meist geglaubt wird, daß alle Ursachen im Bereich physischer Gesetzlichkeit und in der Vergangenheit zu suchen sind. Durch solches gewohnheitliches Erleben und Denken wird uns weitgehend die Geistigkeit unseres eigenen Wesens verdunkelt. Wir kommen meist gar nicht auf den Gedanken, daß eine andere Konstellation möglich ist, und könnten auch gar nicht sagen, wie und was diese sein könnte. Wir verbildlichen alles zu Vorstellungen, selbst die Aussagen religiöser Art, z.B. die der Bibel. Man weiß zwar, daß es symbolisch gemeint ist, wenn vom »Angesicht Gottes«, oder von seiner »starken Hand« gesprochen wird, aber welche Realitäten können wir an deren Stelle setzen? Realitäten, zu denen wir erfahrungsmäßigen Zugang haben? Unsere ganze Zeitkultur erschwert uns sehr, etwas zu akzeptieren, was man sich nicht *vor*-stellen kann. In dem Begriff *Vor*-stellen liegt unbewußt schon das Bedürfnis, etwas in die Sphäre des Raum-Zeitlichen oder mindestens Dualistischen zu verlegen.

Wir haben zwar ein gewisses Erfahrungsempfinden, wenn wir allgemeine Sammelbegriffe wie »Geist« und »Kraft« benutzen; wir ahnen, daß wir es da mit ganz anderen Gesetzen zu tun haben als die, welche wir zum Erkennen der irdischen Welt benutzen. Diese irdische Welt könnten wir aber nicht erkennen und handhaben, wenn wir z. B. bei dem allgemeinen Begriff Materie stehen blieben. Materie bekommt für uns erst faßbare Struktur, wenn wir sie in unser raum-zeitliches Denken hineinstellen. So ist es auch notwendig etwas zu suchen, was uns den entsprechenden Anhalt für die Sphäre des Geistes gibt. Finden wir es nicht, wird sich unser geistiges Erkennen immer wieder an das gewohnte Vorstellungsbedürfnis klammern, das nur für unsere physische Welt legitim ist. Dadurch können ganz schwerwiegende Verwirrungen entstehen. Harmlos ist es immerhin noch, wenn wir immer wieder fragen, »wo« unsere Toten sind. Weniger harmlos ist es aber, wenn sich daraus das ganze Gebiet spiritistischer Verirrung bildet.

Wenn es wahr ist, daß es nur *eine* Welt gibt, und das Obere auch im Unteren erscheint, müßten wir hier im Irdischen zumindest den »Schattenwurf« höherer Gesetzlichkeit in unserer Welt auffinden können.

Wir sind schon im Verlauf unserer Bemühungen, das

Wesen des Geistes zu verstehen, auf manches gestoßen, das grundsätzlich in keiner Beziehung zum Raum-Zeitlichen steht. So z. B. die Moral. Sie ist eine Kraft, die wir kennen und benützen. Aber gibt sie uns die Orientierung, die wir in der irdischen Welt durch die Vorstellung von Raum und Zeit haben? Dazu ist sie in der Art, wie wir sie hier erleben, zu subjektiv.

Zwei andere Geistbeobachtungen können uns sicherer dem gewünschten Ziel näherbringen, uns in eine strukturierte, aber nicht raum-zeitliche Sphäre einzuleben. Den Begriffen »Raum - Zeit« gegenübergestellt sind es: »Konzentration« oder »Intensität« und »Qualität« oder »Eigenschaften«. Es ist wahrlich dem irdischen Menschen nicht leicht, sich in eine raum-zeitlose Sphäre einzuleben, von reinen Intensitätsgraden und Qualitäten. Es ist aber die heilsamste und wichtigste Übung, die wir machen können. Würde diese obere Sphäre nicht in unsere zeiträumliche hineinragen, so wäre uns eine solche Übung unmöglich. Nur aus solchem Üben kann sich eine echte Geisteswissenschaft entwickeln, mindestens deren Voraussetzung, das Staunen über das, was wir als Wunder erfahren. Jede Wissenschaft, die an zeit-räumliche Vorstellungen gebunden ist, ist noch keine wahre Geisteswissenschaft.

Die Mathematik sollte nie aus dem geistigen Auge verlieren, daß alle Zahlen aus der unsichtbaren Qualität der Eins hervorgegangen sind, und daß alle Formen aus dem reinen Konzentrationspunkt stammen. Das ist das Nadelöhr, von dem im Neuen Testament gesprochen wird, durch welches der Mensch hindurch muß, um in die geistig-göttliche Welt zu finden. Es ist eben eine Sphäre, in der es nichts Quantitatives (also irdischen Reichtum und Besitz) mehr gibt, an das man sich »halten« kann. Es ist eine Welt von verschiedenen Konzentrationsstufen des Geistes und Qualitäten, die wir subjektiv vorläufig noch als Moral erleben, ohne raum-zeitliche Ausdehnung.

In einer solchen Sphäre leben wir nach unserem Schwellenübergang. Sie reicht in modifizierter Weise auch in unsere irdisch mögliche Geistigkeit. Wir leben auch nach dem Tod in der »einen Welt«, nur erleben wir nicht mehr raum-zeitlich, sondern in Konzentrations- und Qualitäts-Kategorien. Mit geöffneten Geistesaugen schauen wir dann diese »eine Welt« sozusagen von der anderen Seite aus und auch unser vergangenes irdisches Leben. Je mehr wir uns hier schon, im Rahmen unserer Möglichkeit, uns darin einleben, desto klarer wird uns auch die Antwort auf die Frage: »Wo, wie und wozu suche ich den Geist?«

URIEL BIRNBAUM
VON DER SELTSAMKEIT DER DINGE
Essays

Die Essays Uriel Birnbaums handeln vom Kern, welche
Hülle auch immer zum Anlaß wird. Ob er von Dante
spricht oder von Joseph Roth, eine Gestalt der griechi-
schen Mythologie vergegenwärtigt oder Napoleons Um-
kehr vor St. Jean d'Acre: Alles herbeigebrachte Interes-
sante, Wissenswerte, Schöne, Tiefe oder Erschütternde
wird durchlässig zum Kernpunkt, von dem her es lebt.
Inhalt: Sentimentalität — Der kopernikanische Mensch —
Das Geheimnis des Spiegels — Die phantastische Dich-
tung — Das Entsetzen vor der Maske — Das Wesen des
Grauens — Die Bedeutung des Verses — Der wahre Osten.
Zu zwei Büchern von Joseph Roth — Die Nacktheit des
Wortes — Überflüssige Bücher — Kleine Ursachen — Der
Reiz des Zitates — Die ägyptische Phantasie — Der selt-
samste Staat — Vom Traum zum Kunstwerk

232 Seiten. Format 21x13 cm. Leinenbroschiert
ISBN 3-88411-011-X

Thauros Verlag München

FRIEDRICH WEINREB
TRAUMLEBEN
Überlieferte Traumdeutung
4 Bände

In dieser umfassenden Darstellung des Traumgeschehens,
wie es im alten Wissen des Judentums überliefert ist,
eröffnet der chassidischer Tradition entstammende Autor
ganz neue Einsichten in einen Bereich, der in oft beun-
ruhigender, aber auch tiefe Freude schenkenden Weise
das menschliche Leben wesentlich prägt. Träume in der
Nacht, aber auch am Tage, wo sie sich in Phantasien,
Wünschen und Vorstellungen äußern, sind wie Gespräche
mit uns selbst, bei denen wir uns zum Teil als Zuschauer
und Zuhörer fühlen. Oft bedrängen sie uns als Äußerun-
gen unbeantworteter Lebensfragen. Das alte Wissen sieht
im Deuten der Träume ein Heilen von Krankheiten.
Durch Friedrich Weinrebs lebendige und anschauliche
Erzählweise findet der Leser Zugang zu seinem eigenen
Traumleben und könnte damit einer Deutung seines
Traums wie seines Lebens näherkommen.

Jeder Band 224 Seiten. Format 13x21 cm
Gebunden. ISBN 3-88411-001-2

Thauros Verlag München

FRIEDRICH WEINREB
VOM GEHEIMNIS
DER MYSTISCHEN ROSE

Von der Rose als Symbol erzählen heißt für Friedrich
Weinreb, von der Grundstruktur des Lebens sprechen.
Und dies so komprimiert und farbig zugleich, wie man
es heute sonst nie hört. Dabei erfolgt auch eine bislang
noch nie vernommene Klärung des Begriffes Symbol.
Das Symbolische wird aus der meist sehr starren philosophischen und kunstästhetischen Sphäre befreit und am
Beispiel der Rose ins Leben des Menschen übersetzt. Das
dem Thema entsprechend sehr sorgfältig und kostbar
ausgestattete Büchlein eignet sich auch gut als Geschenk,
um diesen Gedanken noch Fernstehende mit dem echten
mystischen Denken in Berührung zu bringen.

48 Seiten. Format 13,5x21,5 cm
Französisch broschiert. ISBN 3-88411-019-5

Thauros Verlag München

FRIEDRICH WEINREB
GEISTIGE ERFAHRUNG UND LEBENSPRAXIS
Die ursprüngliche Bedeutung des Yoga

Was hat der Mensch von den sublimsten geistigen Erkenntnissen, wenn sie nicht in seiner alltäglichen Lebensform selbstverständlichen Ausdruck finden? Und ist
nicht, auf der anderen Seite, gerade heute eine am Materiellen orientierte Lebenspraxis die Norm geworden, mit
Leistungsdruck und Beziehungslosigkeit, Konkurrenzkampf, Aggression und Depression?
Weinreb klärt, indem er jedem Spannungspol seinen
Machtbereich zuweist im Leben: dem aufsteigenden Geist
die fortwährenden Überraschungen in Freiheit, dem
Konkreten das formgebende Stehen auf dem Boden der
Wirklichkeit. Beides in wechselnder Schwingung bestimmt das Leben als Weg. Was aber ist in diesem Verhältnis Herr, König, und was Knecht, Diener? Was geschieht, wenn der Knecht die Herrschaft sich anmaßt,
wenn die Herrschaft von Wissenschaft und Technik den
Menschen prägt? Und wie lebt der Mensch, der sich als
Herr wahrhaft königlich an den Wundern der Welt, der
Technik und der Wissenschaft freuen kann? Weinreb
zeigt, wie aus dieser Spannung das Geheimnis der Freude
in der echten Hinwendung zum Leben sich entfaltet.

54 Seiten. Format 13,5x21,5 cm
Französisch broschiert. ISBN 3-88411-020-9

Thauros Verlag München

FRIEDRICH WEINREB
DIE WURZELN DER AGGRESSION

Woher kommen Unfriede, Angriff und Gewalt im Menschen und in der Welt? Friedrich Weinreb, aus der nahezu unbekannten Überlieferung des alten jüdischen Wissens schöpfend, gibt auf diese den Menschen gerade heute sehr bewegende Frage überraschende Antworten. Nicht theoretische Überlegung, sondern die gemäß chassidischer Tradition lebendige Entfaltung biblischer Urbilder — z. B. der Angriff der Schlange im Paradies, Kain und Abel, der Haß der Brüder auf Joseph — führt den Leser allererst zum Erleben des Aggressiven in seinem eigenen Innern. Von da her kann er dann auch ein von abschnürender Angst befreites Verhältnis zur aggressiven Gewalt in der Welt finden, vielleicht sogar zu schöpferischer Verwandlung fähig werden.

61 Seiten. Format 13x21 cm
Engl. broschiert. ISBN 3-88411-008-X

Thauros Verlag München

FRIEDRICH WEINREB
SELBSTVERTRAUEN UND DEPRESSION

Die Schicksale von Saul und David, wie sie die mythische
Bilderwelt der Bibel und der jüdischen Überlieferung
geformt haben, berühren jeden Menschen unmittelbar.
Staunend entdeckt der Leser, daß das Drama der beiden
biblischen Könige Saul und David nicht irgendeiner fernen Vergangenheit angehört, sondern ständig im eigenen
Ich sich abspielt. Denn der frohe, singende und tanzende
David und der düstere, gedrückte, in Eifersucht sich ver-
zehrende Saul sind Aspekte tiefer und gewaltiger Kräfte
im Menschen. Weinrebs Erzählen öffnet den biblischen
Geschichten Tore zum unmittelbaren, alltäglichen Erleben, und erweckt dadurch »Heilmittel« im Menschen,
die helfen.

*Englische Broschur. Format 13x21 cm
55 Seiten. ISBN 3-88411-009-8*

Thauros Verlag München

FRIEDRICH WEINREB
DIE ASTROLOGIE IN DER JÜDISCHEN
MYSTIK

Dieses Buch könnte zum Anlaß werden, den Sinn des
Sprunghaften, den Reichtum der Unschärfe und die kö-
nigliche Freiheit der Wende im Menschen neu zu entdecken. Es wird hier zum ersten Mal eine Astrologie aus
der Welt des *Seins* dargestellt, die der allgemein bekannten Astrologie mit ihren gerade heute so differenzierten
Berechnungs- und Deutungsmethoden gegenübersteht.
Einer mystischen Astrologie geht es nicht um Erfolge,
sondern um die Entfaltung der wunderbaren, ganz über-
raschenden Struktur, die den Menschen vom *Sein* her
bestimmt. Von dieser Astrologie, die so faszinierend
vom Menschen im Gleichnis Gottes erzählt, weiß man
heute nichts mehr, vielleicht weil man zu viel wissen, zu
viel beweisen, zu viel Recht und Erfolg haben will.

200 Seiten. Format 13x21 cm
Büttenbezogener Einband. ISBN 3-88411-012-8

Thauros Verlag München